"榜样

我们这里的
年轻人

人民日报文艺部/主编

人民日报出版社
·北京·

图书在版编目（CIP）数据

榜样：我们这里的年轻人 / 人民日报文艺部主编. —
北京：人民日报出版社，2023.5
ISBN 978-7-5115-7783-2

Ⅰ.①榜…　Ⅱ.①人…　Ⅲ.①人物—先进事迹—中国—
现代　Ⅳ.① K820.7

中国国家版本馆 CIP 数据核字（2023）第 072548 号

书　　　名：榜样：我们这里的年轻人
　　　　　　BANGYANG: WOMEN ZHELI DE NIANQINGREN
主　　　编：人民日报文艺部

出 版 人：刘华新
策 划 人：欧阳辉
责任编辑：毕春月　刘思捷
封面设计：金　刚

出版发行：人民日报出版社
社　　　址：北京金台西路2号
邮政编码：100733
发行热线：（010）65369509　65369527　65369846　65369512
邮购热线：（010）65369530　65363527
编辑热线：（010）65369521
网　　　址：www.peopledailypress.com
经　　　销：新华书店
印　　　刷：北京博海升彩色印刷有限公司
法律顾问：北京科宇律师事务所　（010）83622312

开　　　本：710mm×1000mm　1/16
字　　　数：160千字
印　　　张：14.5
版次印次：2023年5月第1版　2023年11月第2次印刷

书　　　号：ISBN 978-7-5115-7783-2
定　　　价：48.00元

目　录

留下一支不走的工作队

王宏甲

一

一阵婴儿的啼哭声在救护车里响起……接电话的医务人员说，脱贫攻坚任务再紧急，要生孩子了，也得早点儿来医院呀！可是，这孩子早产了两个多月，谁知道突然就要生产了呢！

早产的孩子太小了，需要保温箱，可救护车里没有。于是又紧急向县医院求助，希望立刻派有保温箱的救护车来接。

婴儿的母亲名叫王艳，是在贵州省毕节市纳雍县羊场乡奢嘎村驻村的扶贫工作队员。王艳大专毕业后参加了招聘考试，前几年来到这儿驻村扶贫。

那正是精准扶贫全面深入村寨的时候，考虑到脱贫任务艰巨，纳雍县面向社会公开招考扶贫特岗工作队员，报考者要求大专以上学历。共有11814人报考，录取509名。这批大学生冲到扶贫一线，被当地人称为脱贫攻坚"特种兵"。

王艳和毕业于安顺学院的女青年吴云同一天来村里报到。"刚到村时，住处都没有，我和吴云一起住在村委会的图书室里面，另有一间我们做厨房。"

最初的工作就是挨家挨户去做"精准识别"。奢嘎村3163人分布在13个村民组。她们走啊走，走遍了600多户。每天早上7点就出发，到村民家里照相、量房子、算收入，晚上回来做资料，与村两委一起汇总数据。那段时间，晚上经常摸黑回住处，煮两个洋芋，蘸着辣椒面，就是一顿饭。识别出来的贫困户，大部分靠低保维持生活。看到他们的实际困难，王艳和吴云感到自己的工作很有意义。精准扶贫的前提就是精准识别，村民不会写申请的，她们就帮着写。

她们刚来时，奢嘎村还没有集体经济。后来村党支部领办村集体合作社，村里才建起了养猪场，圈舍有210间，初步有了集体产业。再后来，村里还有了卫生室、文化活动室、小超市，这些都是集体资产。2017年，村办公楼建成，她们搬了进去，一人住一间寝室。

2019年国庆节，驻村干部都没放假。王艳的丈夫是威宁彝族回族苗族自治县民族中学的教师，他利用假期来奢嘎村看望妻子。10月3日晚，王艳去乡政府参加全市脱贫攻坚电视电话会议，回村已半夜。深夜1点钟，她感觉肚子疼得厉害。丈夫赶紧把她抱上车，送往邻近的赫章县古达乡卫生院。

花了3个多小时才到达古达乡卫生院。医生建议马上送赫章县医院，于是上了乡卫生院的救护车。驾驶员车开得很快，王艳的肚子疼得厉害，孩子出生的准备工作还一点都没做。一路上，王艳心里特别紧张，不知道会怎样。她后来回忆说："快到野马川高速路口的时候，我告诉医生，感觉孩子快要出生了。孩子就真的出生了。"

县医院派来的救护车把产妇和婴儿都接到医院。早产两个多月的孩子只有1.9公斤，马上又被送去毕节市人民医院。王艳则留在县医院。她躺在床上，一面担忧孩子，一面还想着手上的工作尚未交接，会不会耽误村里脱贫攻坚的进度……幸运的是，8天后，母子相见，孩子一切健康。2019年奢嘎村也成功脱贫。王艳说："孩子生在脱贫攻坚的路上，是一段特殊的经历。"

二

黄满也是一名脱贫攻坚"特种兵"，她的"战场"在昆寨乡夹岩村。

夹岩村有6个村民组。组已经是最小的"单位"了，有个得得冲组还分为望天堂和下寨。只要看看"望天堂"这个寨名，大约也能感觉它有多高。望天堂位于夹岩村的最高峰，去望天堂要爬到山顶，然后往下走300米左右，才能到达这个"云朵中的寨子"。

"第一次去望天堂，进村一脚踩下去，稀泥淹没了鞋背。"黄满说，感到有一种凉意从脚板传到心脏。从望天堂再往下，还要走1公里山路才能到下寨。她29岁了，还没结婚，在这里长期住下来扶贫，能不能坚持下去？让她印象深刻的，还有一个叫"锅厂"的村民组，去锅厂往返要走3个多小时，中间要翻过3座山，才能看见山里的人家。

锅厂里面还有个窝窝寨，从锅厂去窝窝寨又有3公里。窝窝寨只有

3栋房屋3家人。3家人里，有一个7岁的留守儿童在上学，学校远在邻镇一个叫四新村的地方。每天，这个孩子要走5里路去学校。他的奶奶每天早晨把他送到半路的大山垭口，看着他消失在远方。傍晚，奶奶又在垭口上等着，直到孙子在远处出现，再把孙子接回家。

"这个孩子的求学路让我们感到很揪心。"黄满感到自己的心被这个孩子的求学路给"抓"住了。她记住了这孩子名叫陈浩予，她想，自己一定要动员这3户人家整体搬迁出来才行。

但这很不容易。她去了一趟又一趟。"每走一次，脚都会疼上几天。"脚上磨出血泡，血泡破了，变出脚茧。半年后，终于成功了，这3户人家全部搬迁到扶贫安置点。

第二年，黄满结婚了。婚后，总是丈夫从威宁县城来夹岩村看她。第三年春节，她生下一个男孩。产假结束要回村了，孩子还要哺乳，村里脱贫攻坚正在决战时刻，带着孩子怎么工作？

"生活和工作就像两座山，我都要爬一爬。"

她非常感谢自己的婆婆，婆婆提出陪她上村里去。于是，夹岩村有了"一家三辈人驻村扶贫"的故事。

虽然正在哺乳期，但黄满要干的事情还真不少。危房改造、动员搬迁、填报救助、组建村集体合作社，桩桩件件，都关联着贫困户的切身利益。除此之外，她还挂念着孤零零住在下寨半山腰的张青贵一家三口。

前年夏天，张青贵家刚被确定为易地扶贫搬迁户，黄满就去他家动员了。满以为是去告诉他们一个好消息：为他们家在昆寨乡政府所在地新建的房子里，沙发、桌子、床铺、锅碗瓢盆啥都准备好了，只要拎包入住就行。没想到张青贵就是不搬。黄满已经不记得跑他们家多少次了，那个半山腰的路一边就是悬崖，有的地方石块嶙峋，有的地方全是稀泥巴。他们吃的水是从100多米外一个岩旮旯里面流出来的。黄满无法想象，这一家人怎么会选择在这里建房居住。更想不通的是，一次次去请他们搬迁，为什么他们今天答应搬了，转天又不想搬了。夏天过去了，秋天来了，黄满自己也记不清跑了多少趟、说了多少话，张青贵才终于下定决心搬家。那天，黄满和驻村扶贫干部都来帮他们搬家具，只要张青贵舍不得丢下的，全帮他们搬走。

夹岩村高高的望天堂，见证了黄满和驻村扶贫干部们日日夜夜的奋斗。当我也登上望天堂那高高的山峰，举目四望这一片正从贫穷中蜕变的土地时，我看到了"峡谷里的山寨""崖壁上的人家"……我想，黄满和她的同事们能在这里扎下根来，帮助当地人们脱贫致富，真的是令人尊敬。

黄满曾这样对我说："我也不是没有苦恼，只是一看到贫困户的笑脸，看到他们期待的眼神，我心中的那些沮丧和无助就瞬间被赶走了。"

我听到村里人这样形容黄满一家三辈人：小孩围着婆婆转，婆婆围着媳妇转，媳妇围着贫困户转……夹岩村在2018年底全村脱贫出列。黄满也在夹岩村入了党，如今成了村主任。

这里讲的只是纳雍县脱贫攻坚"特种兵"中两位"女兵"的故事。这批被录用的509人,4年来有496人经受了严格的工作考验,其中180人担任了村两委的主要负责人。

他们生长在农村,毕业后又回到农村,踏上扶贫路时,平均年龄才25岁。他们吃得起苦,干得成事,同村民建立了深厚感情。他们是在脱贫攻坚一线成长起来的"永远不走的工作队"的一部分。

三

2019年6月,贵州省扶贫工作队在纳雍县走村入户调研,在羊场乡菜子地村,看到一个尚未成年的女孩,患病卧床已好几年。询问情况时,她家人说:"治不好。"再问,回答是前些年给这孩子治病已经花了十几万元,没能治好。了解情况后,这个女孩当天就被扶贫工作队送到县医院进行治疗。

在锅圈岩苗族彝族乡土补村入户调研,发现一位阚姓老人卧床多年。工作队询问缘由,得知他是在干农活时被一块石头砸伤右小腿,因为没有得到有效治疗,引发感染溃烂,所以落下了病根。当天,这位老人也被送到县医院治疗。

毕节在精准扶贫中已有"三重医疗保障"的救助机制,但在全市农村入户大遍访、大筛查中,发现还存在脱贫户因病返贫现象。调查发现,村寨中缺医少药、边远村寨就医难是重要因素。

"所以，毕节要给所有行政村建医疗所、配备医护人员。"毕节市委同志介绍。

"可是毕节有3704个行政村，哪里去找这么多的医护人员？"我问。

"近几年，毕节鼓励农村初高中毕业生到卫生院校学医，并为他们返乡就业创造条件。"

2020年金秋，毕节为所有行政村配备的医护人员超过了8000人。这也是"永远不走的工作队"的一部分。

这支队伍还包括毕节在脱贫攻坚中培养的大批党支部书记和村干部。全市从复退军人和打工归来的青壮年农民中培养的村干部，占村干部总数的28.2%。还从返乡创业人员、大学毕业生中筛选建立村级人才库，作为后备干部的有1.41万人。近两年从后备干部中提任村干部的有1089人，优秀村干部中担任村党支部书记的有237人。在脱贫攻坚中发现人才，培养干部，为乡村振兴留下一支"永远不走的工作队"，是毕节在脱贫攻坚实践中摸索出来的一套行之有效的工作方法。

四

毕节有个银川村，村里有一位刚毕业的女大学生叫吴婷。有一天，银川村党支部书记找到吴婷家里问她："你愿意到村委会当微机员吗？"

"还没找到工作，在家待着也是待着，我就去锻炼一下吧。"吴婷说。

吴婷的工作，主要是整理资料。可她很快发现，这些资料不简单。

一张张表格，关联着村里村民的日常生活。干了没多久，村里派她外出学习。这次学习打开了她的眼界，她看到农业科技推广给农民带来的实际好处，感到"被震撼到了"。回村后，吴婷被派去马树寨担任包组干部，投身到脱贫攻坚第一线。她迅速成长，在脱贫攻坚中显露才干。

"我呼吸着银川村的空气、沐浴着银川村的阳光长大。我不走了。"吴婷在这片土地上找到了更强烈的归属感："我的父母都是银川村的农民。直到现在我才懂得，我所学的知识，应该用来回报生我养我的家乡。"

这期间，银川村党支部创建了一个村集体股份经济合作社，还建有一个猕猴桃合作社、一个冬荪合作社、一个乡村旅游合作社。3个合作社都是按产业组建的，乡党委在这3个合作社建立了党支部，由此实现党组织对集体经济的全面领导。吴婷在村庄工作中越发认识到党组织的重要作用，积极向党组织递交了入党申请书。

银川村还有比吴婷更年轻的村干部。一批年轻人参与到村庄工作中来，他们还在村民中组织各种体育赛事和歌咏比赛，村庄变得更加富有青春活力。

五

谢永贵是毕节七星关区鸭池镇党委书记，他也是一名在脱贫攻坚中成长起来的干部。

从贵州省黔南民族行政管理学校毕业后，谢永贵参加了乡镇干部选拔考试，在1700多名应试者中以第17名的成绩被录取，分到七星关田坎乡工作。他做过乡中学的老师，后来又按照乡政府的安排，驻村包村。

谢永贵的特点是善于学习，善于总结。他担任鸭池镇党委书记后，开展的一项创新性工作是"乡镇党委统领合作社"，他用4个字概括：两包一干。

"两包就是包前端和后端。"谢永贵说，"合作社要搞得好，前端得选好一个产业，后端要做好销售。镇党委组织力量来做前端和后端，以统筹方式，把前端的产业选择、技术培训和终端的市场销售全包了。而村级合作社主要管实施，就是一干。"

谢永贵介绍，每个村集体合作社都要做好产业与销售，难度太大。所以镇党委组织力量，负责前端和后端，这样就可以使全镇各村的集体合作社以较高水平整体稳步发展。

我说："村社一体的合作社解决了'一户农民的单打独斗'问题，但往往还存在'一个村的单打独斗'问题。你们却解决了这个问题。"

"主要就在于'镇党委统领'。'镇党委统领'就是为全镇行政村的党支部领办合作社提供服务，让各村合作社保持整体上较高水平发展。我们要求公职人员不得分村集体合作社之利，真正体现'为人民服务'，保护好村民的积极性。"

这年秋天，毕节在鸭池镇召开观摩推广会议。乡镇党委统领合作社在毕节引起关注。它超越了"村社一体"的阶段，组织乡镇干部下沉，与村干部及农民一起，发展新的产业经济。这种新的工作机制，把党支部领办合作社拓展到了乡镇与村庄互动发展的层面。

采访中我得知，在贵州省委省政府的支持下，毕节在全市农村推行"四个留下"以衔接乡村振兴：留下一支永远不走的工作队，留下一批活力强劲的村集体合作社，留下一份殷实厚重的村集体资产，留下一套高效管用的乡村治理体系。这套在实践中摸索出来的方法，正在改变毕节乡村的面貌，使这片土地变得富裕丰饶、充满朝气。

《人民日报》2021年3月15日第20版

大山中的月亮

何开琦

一

黄昏时分，大山里的鹧鸪飞往长满香杉的树林里。

广西柳州市融水苗族自治县安陲乡江门村党总支书记、村委会主任杨宁，刚从西瓜地里拔出脚来，怀里还抱着一把绿油油的油麻菜。在西瓜地里套种叶类菜，是村里张海慧出的主意。张海慧是"苗阿嫂种养专业合作社"的带头人，也是"泉水西瓜"的第一个种植户。

杨宁把脚泡在山泉水里，感觉一阵清凉。蓦然抬头，望见西瓜铺在秋天的田地里，已经有拳头那么大。它们伸头探脑地连成一大片，已是一派丰收的景象。

两年前，村民们种的辣椒突然染了病，大好的收成前景转眼成空。那时还是大学生村官的杨宁看在眼里，急在心上，满怀愧疚。

一天，杨宁在村口碰到正挑着一担西瓜往村外走的张海慧。她品尝了张海慧种的西瓜。刚咬下第一口，甜味便沁入心脾。杨宁忙问地里有多少西瓜，张海慧说有几百斤，正愁怎么卖呢。杨宁听了，当即就拍下西瓜的照片，并将其命名为"泉水西瓜"，在自己的微信朋友圈发了出来。朋友们看到后纷纷点赞，当天就把剩下的西瓜抢购一空。杨宁和张海慧连夜将西瓜往乡镇上送。

几天后，杨宁和张海慧把"泉水西瓜"种在了收成无望的辣椒地里。江门村"苗阿嫂种养专业合作社"也在那年秋天开张。

二

杨宁要把洗好的油麻菜给杨梅秧家送去。她在黄昏里独自走着，此时的山里，一片"山气日夕佳，飞鸟相与还"的美景，但是杨宁却无心欣赏，一想到杨梅秧的病，她就忧心忡忡。

那一年，杨宁到村里精准立卡贫困户家走访。她看到杨梅秧家里有一种紫色的糯米。杨梅秧的丈夫刘枝福告诉她，这是当地千百年传下来的独特品种，叫紫黑香糯，卖价比普通糯米高两到三倍。杨宁听了，心里便盘算起来：如果村里所有水田都种植上紫黑香糯，进行规模化生产、市场化收购，也许这会成为一条脱贫致富的门路。

这个方案得到了农业专家的肯定，并且给出了具体的建议：在紫黑香糯的田里套养香鸭和禾花鱼，进一步增加种植户的收入。这样的规划村里从未有过，村民们对此半信半疑。为了给大家吃上定心丸，杨宁悄悄把家里给她准备的婚房卖了，准备好资金，立下保证，为全村种植紫黑香糯保价收购。

江门村63户贫困户种植的120亩紫黑香糯，很快迎来了大丰收，收入比往年多了2倍。刘枝福等贫困户也顺利脱贫。

眼见日子越过越好，谁知天有不测风云，那一年冬天，刘枝福因病去世。

丈夫去世了，唯一的儿子又在外地打工，杨梅秧的病也因此越发严重起来。杨宁记得很清楚，那年春节去杨梅秧家时，杨梅秧不管怎样都不愿见人，躲在草垛后一直哭。后来，杨宁和村里的阿嫂常去看她，告诉她无论有什么困难，大家都会和她在一起，杨梅秧的状态才渐渐好起来。

一进门，杨宁见到杨梅秧正坐在火塘旁边，通红的火苗映照着她额头上的皱纹，火塘上的锅里烧的水还没有开。见杨宁送来了新鲜的油麻菜，杨梅秧忙站起来，露出难得一见的笑脸。看到杨梅秧笑了，杨宁的心里踏实了不少。杨梅秧抬手从火塘的架子上取下腊肉，念叨着要煮给杨宁吃。杨宁连忙放下手里的菜说："不用了，马上还要去梁海春家呢。你儿子过阵子就回来了，腊肉留着煮给儿子吃吧。"

杨宁一边说着，一边拉着杨梅秧的手坐下。她摸着杨梅秧的膝盖问："最近这里还疼吗？"杨梅秧点了点头，可话头一转，开始说起家里的琐事。杨宁知道，她是想把话岔开，看来是还没痊愈。于是，杨宁从背包里掏出一个红色的药包，让杨梅秧晚上睡觉的时候把膝盖套住，以后膝盖慢慢就不会疼了。

临走前，杨宁又叮嘱了几遍，让杨梅秧晚上一定记得把火塘灭了，防止火灾。见杨梅秧认真地点头应承，她才放心地离开。走出去没几步，杨宁又忍不住回头望向屋子，心想：下次来要是还能见到杨梅秧的笑容，那就好了！

三

去梁海春家的路，要翻过两个坡，还要蹚过浅浅的泗欧河。

和梁海春结识，得从杨宁刚到江门村当大学生村官时说起。当时村里让杨宁帮助困难户填写低保申请材料。一次，杨宁出门办事回来晚了，见到办公桌上搁着两个橘子，说是困难户梁海春的妻子韦翠英拿来的。韦翠英等了大半天，太阳落山了才回去。看着橘子，杨宁心里是说不出的滋味。大家商量后，决定找时间去一趟梁海春家。

前几年，梁海春被一场洪水冲下了河，命救回来了，人却瘫痪了，家里全靠韦翠英一个人扛着。

到了梁海春家，只见梁海春躺在床上，韦翠英正用毛巾给他洗脸擦身子。一旁，大女儿梁桂丽在写作业，弟弟和妹妹在玩。问清楚家里的基本情况后，杨宁郑重地对韦翠英说："英嫂，以后不要送橘子了，有什么事就直接找我。申请低保的事，一定会及时上报乡里。"

低保申请批下来了，杨宁忙往梁海春家赶，想将这个好消息第一时间告诉他们。当时，韦翠英挑了一担沉沉的猪菜刚回来，女儿梁桂丽则帮着忙前忙后。这时候，杨宁注意到梁桂丽的眼角有眼泪，便拉她到一旁，问她怎么哭了。

旁边的韦翠英说："她爸爸病成这样子，弟弟和妹妹都还小，我想让桂丽停学，回家干活。"

"不！"梁桂丽噘着嘴对韦翠英说，"我想读书！"

杨宁一下子明白了，她一边搂着梁桂丽，一边对韦翠英说："英嫂，这就是你的不对了。我也是在农村长大的，也是通过读书才改变了命运。桂丽已经很努力读书了。只有认真读书，长本事有出息了，以后的日子才会改变。"看见韦翠英低下了头，杨宁趁热打铁："你家的低保申请县里已经批下来了，以后生活就有了基本保障。桂丽读书的事，我每个月支持她一百元钱，一定要坚持把书读下去。"梁桂丽的泪水一下子涌了出来，她抱紧杨宁，一边哭一边说："我一定好好读书，让爸爸妈妈和杨宁姐姐放心。"

今晚杨宁去梁海春家，是要告诉他们一个好消息：县城已经建设了一个大型移民新居，她希望他们全家搬去那里居住，一是为了方便梁海春治病，二是梁桂丽马上就要读高中了，也需要到县城去。谁知，韦翠英听到后，脸上却露出难色：一家人在县城的生活开销怎么办？杨宁让她放心："现在我们有苗村倌土特产电商，你就在县城卖咱们的土特产，保证有稳定的收入。"

一阵沉默之后，梁桂丽先开了腔："爸爸妈妈，为了将来，我们应该努力试一试闯一闯。"梁海春和韦翠英望向懂事的女儿，点点头，然后告诉杨宁，他们会尽快商量，做出决定。

四

走出梁海春家，月亮已经爬上了竹林的上空。杨宁穿林而过，远处有歌声隐隐传来，那是今天杨宁要去的第三家——张海慧家。那里，聚集着杨宁倾注心血创建的两个团队："苗阿嫂种养专业合作社"和"苗村倌电商团队"。

两年前，杨宁在张海慧成功种植"泉水西瓜"的基础上，扩大了种植规模，接着又动员村里的阿嫂种植了高山蔬菜和葛根，把村里原来的荒地全都利用起来。同时，他们又创办了电商平台，把村里的农产品都销售了出去。这几年江门村全村收入近千万元，贫困户也都陆续脱了贫。

"唱月亮啊，唱月亮，唱得河里水汪汪，唱得山川喜洋洋……"杨宁踏入张海慧家，见一群阿嫂正围着火塘，欢乐地唱着《唱月亮》。杨宁被她们围在中间，脸庞在火光的映照下，格外精神。

"杨主任，跟您报告个事儿。"村干部廖前斌小声地说。杨宁拍了拍他的肩膀："阿弟，你大声说。"廖前斌倏地站起来："今天我们接到了大订单，三万只腊鸭，三万斤腊肉腊肠，三万斤葛根粉，春节前交货。"

屋子里爆发出欢呼声。杨宁也开心不已，大声说："姐妹们，我今天还和柳州螺蛳粉产业协会联系了，我们村有大量竹笋，做成酸笋以后，全都可以卖给螺蛳粉厂家。只要不怕辛苦，我们有大把事情可以做！为了好生活，加油！"

屋子里又是一阵欢呼声，随晚风飞向夜空。

杨宁终于踏上了回家的路。家里70岁的奶奶需要她回去照顾。10年前，杨宁刚刚大学毕业，正是奶奶的一句"回老家吧，家乡需要你"，让杨宁放弃了城里的工作，回到村子里。"需要你"这三个字，也成为杨宁为家乡父老乡亲干事的动力之源。当然，还有此刻从背后传来、满是对美好生活向往的那首《唱月亮》："唱月亮啊，唱月亮，唱得火塘烧旺旺，唱得心里亮堂堂……"歌声伴月，点缀了大山里的梦。

《人民日报》2021年4月7日第20版

派出所里的年轻人

朱干金

指导员刘阳算了算，所里这个月已经是第9次接待走失的老人了。这些老人有的是热心群众搀扶来的，有的是好心的出租车司机开车送来的，筷子巷派出所门口是开阔的象山南路，辨识度高，也方便停车。

更主要的原因是，江西省南昌市民都知道筷子巷派出所。它曾被国务院授予"人民满意派出所"荣誉称号，这里还走出了改革先锋、全国公安系统一级英模邱娥国。

虽然退休十几年了，但只要天气好，邱娥国几乎每天都会到派出所来转一转，所里的年轻人就趁机向他学几招。邱娥国服务群众的工作方法就这样一任一任传下来，成为筷子巷派出所的"传家宝"。

一

1996年出生的王俊毕业于江西警察学院，知道自己分配到南昌市筷子巷派出所，他第一时间给父母打电话报喜。正式报到那一天，邱娥国来给新警察授课。以前，王俊都是在媒体上学习邱娥国的事迹，这一次可是当面看到了邱娥国和蔼的面庞，王俊内心激动不已。这堂课上的内容被他牢牢记在心里：进百家门、办百家事、温暖百家心；遇事不躲，遇困难不推；扎扎实实做事，老老实实做人。

所里给新分来的民警都安排了一位师傅，以老带新是所里的传统。师傅王屹年长王俊9岁，其实也是个年轻人。他反复叮嘱徒弟：从接警到出警，在执法过程中，执法记录仪随时要开启，这既是规范执法，也是对自己的保护；对情绪激动的当事人要注意安抚，稳控好情绪；作为基层派出所的治安民警，要学习迅速侦破小案，及时为受害人止损……

师傅手把手地教，王俊成长很快。2月底的一天，有居民一大早就跑来报案，说自己刚买1个月的电动车被偷了，价值4000多元。王俊立即调取监控，发现是深夜两点钟被盗，距离案发时间已经过去了7个小时。师傅一再交代过，处理电动车被盗案最重要的是"快"，这样电动车最值钱的电瓶就不容易被卖掉。王俊通过人脸比对技术，迅速找到犯罪嫌疑人的活动区域，蹲坑守候3个小时后，将犯罪嫌疑人一举抓获，电动车完好无损地找了回来。丢车的居民很高兴，没过几天就把一面鲜红的锦旗送进了派出所。

二

谢桂军是赣州人，刚来筷子巷派出所做社区民警时，他最头疼的是听不懂南昌话，特别是在调解民事纠纷的时候，当事人往往情绪激动，说话噼里啪啦，把他弄得晕头转向，这令他很有挫败感。

他一边和同事、辖区居民学说南昌话，早也练晚也练，一边紧紧跟着师傅，学习怎么服务群众，怎么调解纠纷，还有邱娥国的秘诀："下去一把抓，回来再分家""见人多询问，见事多观察，热心办民事，温暖送到家"。一有空，他就琢磨这些话。

管理象山社区后，谢桂军很快成长起来。哪家有困难，哪家有重点服务人员，哪里有消防隐患，他心里一清二楚。现在，谢桂军也能说一口南昌话了。他像带他的师傅一样，沉浸在做社区警务工作的乐趣中，听着家家的锅碗瓢盆交响曲，感觉很美妙。

孤寡老人陈奶奶就住在派出所附近。老伴过世后，陈奶奶总是郁郁寡欢，谢桂军时常上门去看望，和老人聊家常，化解老人的心结。去的次数多了，谢桂军渐渐地把陈奶奶当成了自己的奶奶，逢年过节想家人了，他就拐到陈奶奶家去看一看。

2021年初，首个中国人民警察节时，陈奶奶用豆腐、腐竹、酱干、肉末、香葱做了一大锅地道的南昌福羹，托谢桂军带到派出所。福羹的热气和香味弥漫在派出所小厨房里，温暖了民警们的心。

谢桂军的管片里有一所中学、一所小学。防疫知识普及、交通安全宣传、防溺水知识宣传、防止校园欺凌……谢桂军常常往学校里跑，给孩子们讲各种知识，教育孩子们牢固树立"安全第一"的意识。孩子们很喜欢面前的民警叔叔，他们有的认真听讲，有的调皮地直往他怀里扑。老师们说，一些孩子在谈到自己的梦想时，就说长大了要当一名人民警察。

三

陈蓓长着一张娃娃脸，笑起来很甜。陈蓓刚到筷子巷派出所的时候，正好碰上全面换发二代居民身份证。那段日子，陈蓓每天都要办180至200个身份证，经常忙得头都抬不起来，有时手忙脚乱，还忘了收办证的钱，结果只能自己垫付。办证时，少数群众排队时间长了会发脾气。辛辛苦苦上班，还要贴钱、受气，陈蓓觉得很委屈，有一次忍不住跟办证的群众吵了几句。这一幕正好被邱娥国看见了，邱娥国先帮陈蓓接待好群众，然后再把陈蓓拉到一边开导："一个人一辈子到派出所可能也就一两次，但可能就是这一两次，决定了他对公安机关的看法和态度。"

陈蓓慢慢沉下心来。一位老大爷来到办证窗口，他要注销户口和身份证，但是又迟迟不肯交出户口本和身份证，一说话就哽咽。陈蓓从办证窗口走出来，给老人递了一杯水和一包纸巾，引导老人说出原委。原来，老人的老伴过世一年了，按规定必须注销户口和身份证，由派出所重新打印新的户口本。但这陈旧的户口本和身份证是老人的一份念想，它们在就好像老伴在，所以老人舍不得交出去。陈蓓请示所领导后，把身份证和户口本都剪角并加盖了注销章后还给了老人，老人颤抖地拿着剪了角的身份证和户口本，一边抹眼泪，一边跟陈蓓道谢。

四

筷子巷派出所还像当年那么小，小得群众在门前说句话，全所人都听得见。不过与邱娥国当年工作时相比，服务手段先进了不少。派出所门旁新增了一个24小时融警务服务区，里面摆放身份证自助办证领证机。派出所前台增设高频交管业务办理窗口，警务公开栏里，警务网格化管理示意图和民警网格责任区域一览表清清楚楚。

便民台旁边，是筷子巷派出所微警务工作台，上面有每位民警的微信二维码，二维码上方是一行小字：扫一扫您的社区民警，方便沟通联系。

二郎庙社区的老宋就是通过扫描二维码和社区民警邱攀科建立联系的。

老宋为自己不争气的儿子操碎了心。儿子从小不好好读书，高中没毕业就去混社会，染上了毒瘾，正在社区戒毒。他把小煤气罐藏在卧室，时不时就闹着要父母给钱去买毒品。老宋没有办法，只好求助社区民警邱攀科。

小邱第一次进老宋家的时候，老宋的儿子正躺在床上，人已瘦成了皮包骨。20岁出头的小伙子，长发披肩，眼窝深陷，脸如刀削，肤色蜡黄，任凭小邱说什么，他都用被子蒙着头不听。他不听，小邱也要讲，今天不听，就明天再来。老宋夫妇也没有放弃儿子，小邱不在的时候，就用微信发送儿子的状态，和小邱一起商量对策。坚持了一段时间，老宋的儿子终于被感动了，对小邱说："你也就比我大几岁，对我这么有耐心，和你相比，我真是太惭愧了！"

他把藏在卧室里的煤气罐交了出来，开始一日三餐按时吃饭，游戏也不玩了，每天在手机上查找招聘信息。小邱也通过自己的渠道帮他一起找工作。现在，他已彻底戒了毒，人也胖了，身体也好了，在一家房产中介上班，还找到了心仪的女朋友。

这以后，老宋把小邱拉进了自己的家庭微信群，把小邱当成了家里人一样看待。

二郎庙社区是老居民楼，房子很陈旧，墙外挂着各式栅栏、电线。80多岁的江婆婆在这巷子里住了70多年，三个儿子分散在南昌其他城区，她舍不得搬走，有个头疼脑热、修电修水的事儿，就找社区民警小邱。

我跟随小邱在社区走访，见到江婆婆的时候，她穿着红布鞋，系着土黄色的围裙，正在门口晒被子。江婆婆很开朗，一头白发，微胖而红润的脸，说起话来中气很足。她一见到小邱就热情地打招呼："邱警官，到家里坐坐吧。"我问江婆婆知不知道邱警官叫什么名字，她用南昌话爽朗地说："叫什么名字我不知道，我就叫邱警官，以前邱娥国老邱在这里，我们就好熟，现在又来了个小邱，不管是老邱还是小邱，都是第一好的人，帮了我们这些老百姓好多忙。"她一边说，一边竖起了大拇指。

五

80后陈欣，2021年1月作为分局情报大队负责人到筷子巷派出所就"警务大数据的应用"进行授课。没想到3月就调到筷子巷派出所任所长。

陈欣说，这次的工作变动，是一种荣耀，更是一种挑战。就像每一位新到筷子巷派出所的年轻人一样，他不仅要把邱娥国为民服务的情怀传承下去，还要不断运用新科技、新机制、新手段，持续提升筷子巷派出所为群众办实事的能力和水平。

陈欣对筷子巷派出所充满了信心。因为他知道，所里的年轻民警们，就是在为老百姓服务的工作中，一茬一茬成长起来的。

此刻，筷子巷旁边的象山广场正迎来一天中最惬意的时光：几位老人推着婴儿车在散步，小朋友有的在骑车、有的在拍皮球，大爷大妈们坐在石凳上悠闲地聊天……广场四周，一棵棵羽毛槭紫红色的新枝在夕阳里反射着暖暖的春光。

《人民日报》2021年4月21日第20版

小寨村歌唱起来

刘文华

站在希望的田野上，

唱首歌谣给家乡。

美丽的小寨，生我养我的地方！

麦浪翻滚果飘香，

绿树成荫花满行；

粉墙黛瓦新民居，

大路开阔通四方……

前段时间在豫北乡间走访，一个叫小寨的村庄，那里的村歌吸引了我。

一

小寨其实不小，是河南省濮阳市经济技术开发区新习镇数一数二的大村。开发区财政局派驻小寨村第一书记娄元发介绍说，村子共552户2458人，2016年有建档立卡贫困户24户44人。截至目前，除1

户为享受"两不愁三保障"政策的特困供养户，其他所有村民都已经脱贫。

走进小寨，眼前所见正如歌中所唱：村里民居粉墙黛瓦，错落有致；街道横平竖直，两旁草木成行；现代化的党群服务中心坐落在村东头，前面是群众文化活动广场，干净整洁，设施齐全。

每天清晨的小寨村，总是嘹亮的村歌最先唱响。它唤醒了村庄，歌声中，村民们或哼着曲调扭秧歌，或伴着音律跳广场舞，或踏着节拍做健身操。往往是单曲循环到第三遍，大家四肢舒展，精神抖擞，忙碌的一天也随之开始，下地的下地，进棚的进棚，入厂的入厂。耳边有欢快的旋律萦绕，干活不觉得累，效率也高了。用小寨村党支部书记兼村委会主任张振生的话说："俺小寨比一般村庄搞得好，跟村歌关系很大，鼓舞人心哩。"

到了晚上，晚饭过后，村民们三五成群地来到广场上活动。此刻，彩灯闪烁，村歌响起。活动间隙，种植大户交流果蔬的长势，养殖能手互通禽畜的出入栏量，工商业主畅谈产品的市场行情……最活跃的群体，当数那些既照料着老人孩子，又在家门口就业创业的年轻媳妇们。她们三句话离不开柴米油盐酱醋茶，同时憧憬着远方，盼望有一天能将村歌唱到更大的舞台上。

从安徽嫁来的涂晓巧，今年28岁，是村里的扶贫专干和信息录入员。在她的倡议下，去年冬天姐妹们组建了一个小寨文艺演出队。村里也很支持，立即给张罗了全新的行头道具。眼下，她们自编自导自演了一套文艺节目，包括歌舞、戏曲、诗朗诵等。涂晓巧说，即便上不了多大的舞台，至少可以让村里的文化活动更丰富些，也让大家看看，她们不仅会洗衣做饭，还能歌善舞、才艺不凡哩。

夜渐深，广场上的人慢慢散去，村歌余音萦绕梦乡。

二

小寨村歌深入人心，也凝聚人心。村歌为村子注入了活力，也唤起了外出务工人员的归属感，激发了他们返乡创业的热情。张传信就是当中的一位。

早年间，张传信通过劳务输出来到新加坡的一个建筑工地。他从瓦工干起，一直干到工程师，其间自学了英语、马来语和行业领域的专业知识。后来，张传信成立了自己的公司，因经营有方，很快打出了一片天地。2017年张传信回乡，刚从村头下车，冷不丁听到一句"美丽的小寨，生我养我的地方"，忍不住热泪盈眶，心中顿时感慨万分。

回忆起那段返乡往事，张传信唏嘘道："你不在外面漂泊多年，体会不了那种乍一回到故乡怀抱里的感受。突然被久违的乡音乡情包围，心里瞬间感到无限温暖。"

张传信留了下来，深感回报家乡这桩事，再缺席就枉为小寨儿女了。

张传信手头有资金，脑子里有干事的想法。他成立了一家公司，投资发展珍禽养殖，填补了周边地区这方面的空白。公司雇了数十名贫困群众，养有600只蓝孔雀，3500只鸡，一派产业兴旺、日子红火的景象。

如果说张传信是不经意间让村歌拴牢了心，那么，另一位返乡创业带头人张修攀，则把村歌设置成自己的手机来电铃声，一天里有多少次电话打进来，他就听多少遍村歌。

张修攀在北京拥有一个逾200名员工的公司。2019年，他把公司交给别人打理，自己回到家乡，流转500亩土地，从事绿色无公害蔬菜种植。我见到他时，他正挥汗如雨地握着一把铁锨，为地膜白菜覆土。

阳光洒在500亩地膜白菜上，白茫茫绿莹莹一片。张修攀雇了20多个工人，每个环节都手工操作，全程不施农药化肥。透过地膜可见，长势良好的白菜青翠欲滴。目前，这批白菜已被订购一空，部分直供北京大型批发市场。

张修攀说，白菜利润虽薄，但需求量大。他在北京多年，好东西吃了不少，但还是放不下地道的白菜。白菜清淡可口，可用多种方法烹调，与多种食材搭配。他之所以下大力气发展绿色无公害蔬菜种植，也是想给大家带个头，脱贫致富用不着舍近求远，越是家常的东西往往越蕴含商机。

问起在北京经商与在家乡创业的感受，张修攀笑了："各有得失。老家空气好，更重要的是乡情难忘。一想到干的事儿能带动乡亲们，就觉得这返乡创业返得对、创得值了。"

说话间，村歌响了起来。不用说，是张修攀的手机有电话打来了。

张修攀走到一旁去接电话。可奇怪的是，这村歌怎么还在唱？仔细一听，原来是来自别处。"这个点的村歌，准是从浴帽厂传来的。张总的电话可能还得聊一会儿。走，咱们先上浴帽厂看看去。"一旁的村委委员刘振威了解情况，他看看当空的太阳笑着说。

浴帽厂实际上是当地一家生产加工浴帽、雨衣等家居日用品的公司。总经理孙素梅，是小寨村树立的巧媳妇致富标兵。公司常年用工三五十人，为本村和附近村子的妇女提供了一个在家门口就业的机会。孙素梅说，因为大家都喜欢听村歌，厂里便把村歌设置成开饭的信号，每天11时30分准时响起。

村歌响起，安静的车间立刻喧闹起来，一片欢声笑语。"我们这儿的村歌不是催人干活，而是提醒大家要劳逸结合，赶紧补充能量去哩。"一位年轻女工一边活动着身子，一边笑嘻嘻地说。

三

2016年，小寨在推进美丽乡村建设进程中，喜爱戏曲的老支书提出，创作一首村歌，以承载乡风文明，寄托乡愁乡情。词由那一届村两委集体创作，曲请来村小学和本村在镇上、区里教音乐的老师集体谱写。村歌谱写出来后，还没来得及推广，老支书就病故了。

2017年，刚刚30岁的娄元发来到小寨担任驻村第一书记。当知道这个村有一首村歌，再一听朗朗上口，他很是惊讶。虽然没能赶上村歌的创作，但娄元发相信歌声可以令人振奋。现在小寨有现成的村歌，在脱贫攻坚战中应该发挥村歌的凝聚力，把小寨奔向小康的号角吹得更嘹亮。

那会儿，村歌里的愿景还没变成现实。村委会的扩音器、大喇叭等设备都老化严重。别说唱歌，就连喊个话、找个人，都刺刺啦啦地响。娄元发他们拿出经费，第一时间添置了一套新音响，让村歌在村里字正腔圆地唱了起来。

从那以后，小寨村歌开始真正深入人心，在村里广泛传唱。村歌越唱越响，村里干部群众的精气神也被调动起来，工作有声有色地开展起来。在愉悦的村歌声中，娄元发多方筹资，带领大家硬化街道、安装路灯、改造厕所、修缮危房，清理坑塘、植树造林、优化产业结构、引种经济作物……

与此同时，娄元发发动单位的党员干部与村里的贫困家庭结对子，帮扶他们脱贫。如今村里唯一享受"两不愁三保障"政策的特困供养户，家中曾多次遭遇变故，眼下一对孙子孙女跟着两位老人生活，老两口的身体也不好。娄元发三天两头就往他家跑，送去轮椅、米面粮油等生活用品，还给落实了一个公益岗位，每月有固定收入，又为两个孩子送去学习用品、教育补助等钱物。

现在，两个孩子都是童声版小寨村歌的领唱。在清脆响亮的村歌声中，我仿佛看到了小寨村更加美丽富饶的未来。而此刻，正在村子里干事创业的年轻人，唱响的不正是一首美丽乡村的创业者之歌吗？

《人民日报》2021年4月26日第20版

奔走在湘西大地上

蓝　茹

一

　　回到济南已经一年多了，王封军仍会不时想起湘西，想起"凤凰古城"和凤凰县，想起在那里挂职扶贫的近千个日日夜夜……

　　2017年金秋时节，王封军得知自己入选山东省济南市扶贫协作湘西土家族苗族自治州挂职干部工作队，将去凤凰县挂职扶贫。当他知道自己还是工作队第一批出征队员时，王封军的自豪感和要"撸起袖子加油干"的兴奋劲儿，如喷涌的趵突泉水一样欢快地奔腾在他的心间，他恨不得立刻就飞到湘西……

　　两个多月后，王封军如愿踏上了湘西大地，凤凰古城的美景让他沉醉，但部分百姓的贫穷状况也震撼了他的心——"篱笆房、泥巴水，出门全靠两条腿……"这不只是"顺口溜"，更是活生生的现实，是他们这些扶贫干部必须全力去攻克的难题。

　　工作千头万绪，村子、村民的贫困原因和程度千差万别，群众的诉求五花八门、期盼多种多样。出征前，王封军所做的思想准备、经验积累、工作规划、解难预案等，一时难以适应眼前的工作。王封军明白，必须要尽快融入并找到突破口。

　　近一年的时间里，他走遍了凤凰县17个乡镇100多个村。刚开始，面对当地百姓口音浓重的方言，王封军几乎听不懂他们在说什么。他们笑，他也跟着一起笑；他们皱眉，他就赶紧向同行的地方同志请教，然后把情况记在记事本上，一些现场学到的方言、俚语等也一并记录在册。一个多月后，他再走村串街与村干部和村民交流时，连听带猜就能弄懂七八成了。这为他开展帮扶工作打下了良好基础。一些后来被证明行之有效的工作思路和方法，都是在一次次深入群众、深入乡村的调研中得来的。

　　一个初夏的正午，他走到凤凰县廖家桥镇时，突然发现有一个名叫"边城茶社"的地方，门上挂着一副有趣的对联，门楼边还有"家厨""八斗丘""天下凤凰茶业"等招牌。这间风趣而不乏诗意的茶社，猛然启发了王封军，让他注意到了凤凰县的又一个侧面——茶产业和茶文化。凤凰县出产西原茶，口感不错。王封军想到了自己认识的一位济南孟姓企业家。凤凰的茶香和茶趣，孟经理一定感兴趣。如能得到孟经理的支持，将凤凰西原茶推广开来，这儿的百姓可凭茶叶实现增收，孟经理则拓展了业务，广大茶友也多了一个饱口福的机会，能品到来自凤凰古城的香茗，岂不是一举多得？

　　说干就干，他马上邀请孟经理到湘西实地考察凤凰西原茶。一次，两次，三次……孟经理终于被王封军的真诚打动了，同意"先到湘西看看再说"。没想到，孟经理随王封军一起乘车，从山下一圈一圈绕到海拔 1000 多米高的茶园后，一下车就因晕车吐了起来。他也因此切身感受到了扶贫干部的不易：竟是在这样艰苦的条件下，这样实打实地为百姓的脱贫增收而绞尽脑汁想办法、做实事。

"我只是来了一趟，王封军他们这些青年扶贫干部，却要在这样的险路、苦路上，来来回回几十次甚至是几年，真是令人感动、敬佩！"孟经理也决定，做一个王封军所说的那种"不只有企业，更有家国情怀"的企业家，为东西部扶贫协作、为湘西脱贫攻坚尽一份力。

此后，处于深山人未识的凤凰西原茶，走向济南、畅销全国；湘西黄牛肉、蜡染产品被推广到济南、南京、长沙和国际市场。

促成这桩事，也让王封军深感自豪。他在扶贫战场上淬炼成长，头上早早生出了白发，心中的幸福感、自豪感却如汇入了春水的溪流般更丰盈、有力了……

二

与此同时，另一种湘西特产——十八洞村猕猴桃，也从沈从文的名著《边城》故事发生地——湖南省湘西土家族苗族自治州花垣县，跨越千山万水，飞到了济南百姓的餐桌上。

想到泉城家乡的父老能品尝到来自武陵山深处的水果，看着眼前十八洞村的果农高兴地数着卖猕猴桃挣来的钱款，田然灿烂一笑，悄悄给自己竖了个大拇指，暗暗鼓劲儿道：加油！

1978年出生的田然曾在云南、四川上军校、部队服役十余年，那边方言与湘西话相仿，所以田然到了湘西没什么"语言困难"。正因如此，他一到挂职扶贫的湘西花垣县，就被委以重任：帮助推销精准扶贫首倡地——十八洞村出产的猕猴桃。

这是他加入工作队后领受的第一个任务，也是他转业到地方成为一名区机关信访干部以来，第一次接触到的陌生领域、陌生工作，难度不言而喻。作为工作队中济南市槐荫区干部的"代表"，他不想初来乍到就"掉链子"。

知己知彼，百战不殆。田然一头扎进猕猴桃园，仔细了解十八洞村猕猴桃的情况，感觉以目前的品质，面对挑剔的消费者，销售难度真的不小。但他也知道，再难，也必须迎难而上。

望着云遮雾绕的群山，田然思考着、准备着。他一方面向选派他们到扶贫一线的区委区政府汇报，争取最大限度的支持；一方面广泛发动有销售能力或平台的亲朋好友。"我们没有机会到扶贫一线尽微薄之力，就努力当好咱们济南扶贫湘西工作队的坚强后盾。"他的一位朋友在朋友圈里这样写道。这位朋友带头一次性购进了20箱猕猴桃，获赞无数。人心齐，泰山移。价值80多万元的猕猴桃很快就销售一空，其中大半是田然协助售出的。

首战告捷，田然信心大增。但年底分红时，他发现分到十八洞村贫困人口手里的分红款并不太多。增产不增收，原因何在？深入调研后，他发现问题出在成本管理上：花垣县地处湘西武陵山腹地，物流成本高；鲜果运输又要经过层层中转和分选，流程中的开支和损耗让成本居高难下。最终分到果农手中的钱，也就低于预期。

田然多方查阅资料和请教专家后，决定从果品分选这个源头上做起，用扶贫专项资金帮着建起了价值20多万元的猕猴桃分选线。因其能高效率分选出不同等级的果品，田然他们就可以理直气壮地按果品等级与销售方洽谈对接，拿到最理想的价格，大大降低了物流及损耗成本。次年猕猴桃进入盛果期后，田然底气十足地联系济南连锁超市前来采购，让十八洞村的猕猴桃能销售得更快更好，走进更多济南人的视野和果盘。

恰在这时，他听说一位在外打拼多年的花垣县姑娘石佳回乡创业了，不仅成立了服饰公司，还发起了一个"让妈妈回家"的公益项目，带领家乡的妈妈们学苗绣，让她们学成后在家就能工作，挣钱和照顾家两不耽误。这是一个不错的扶贫项目！田然很欣赏石佳这名80后的闯劲和担当精神，决定用"扶贫车间"专项资金，助她们一臂之力。

但田然的这个提议却没能马上通过，相关部门在专项资金的拨付上提出了疑问："扶贫车间"，必须要有厂房、车间和基本的生产线设备。"没有厂房，也没有生产线，怎么能叫'扶贫车间'？又怎么能动用'扶贫车间'专项扶贫资金给予支持？"

"再大的车间或厂房，再多再完整的生产线，最终不都是为了解决就业、增加务工者的收入吗？"田然为此一次次与相关领导坦诚沟通，一遍遍找相关部门陈情要义，几次带着有关工作人员实地考察。他们看到，那个小小绣坊里，绣娘们满脸幸福地飞针走线做着活，一个个造型别致、色彩鲜亮缤纷的传统服饰绣品，变戏法似的从她们的手中一点点长大、飞出，令人爱不释手……这样的景象，让相关部门终于下定决心，按田然所说的"试试看"。

拿到专项扶贫资金后，负责人石佳立即扩大了作坊，聘请设计师和苗绣非遗传承人，免费培训了上千名苗族妇女学苗绣，其中建档立卡的贫困人口130多人。学会手艺后，绣娘们边绣东西边照顾家，绣好的成品交到公司统一销售，绣娘们按件拿工资，一月一结。一些外出打工的妈妈们纷纷返回家乡，在家门口快乐地就业挣钱。

扶上马，送一程。田然又与家乡槐荫区有关部门协调，在济南市的热门旅游景区内给他们免费提供了一个30多平方米的摊位；还帮他们在网上开辟销售平台直播带货，订单立即接踵而来。"产销一条龙"，更有持续发展的活力。

"如今湘西的苗绣已走出了国门，卖到了世界上很多地方。石佳在2020年被评为'全国三八红旗手'。"细数湘西苗绣喜人的前景和石佳所取得的成绩，田然比自己拿了冠军还骄傲，嘴巴乐得合不上。

同时他还不忘提醒我：多喝点茶，这是来自湘西凤凰古城的西原茶，很甘甜，很润心。

三

"刚到湘西时，真的是各种的不适应，用一个字形容是'冷'，两个字形容就是'窘困'。"与田然年纪相仿的王大见，既是济南市卫健委派遣的挂职干部，也是一名皮肤病治疗专家。回想起第一次走进湘西土家族苗族自治州民族中医院的情景，王大见几次潮湿了双眼——谁能想到，一个在当时还算是州里比较好的皮肤科，所有的设备仅有一台陈旧的电离子机和一个损坏数年、无法维修的激光治疗仪？最基本的设备都缺乏，如何开展医疗工作？王大见真有种"有劲儿使不出"的纠结感，但同时也真切地感到了扶贫工作的重要，感到了自己肩负的责任和将要面临的挑战。

但他有信心。"东技西引""双重结对"的济南扶贫协作模式，"湘西所需，济南所能"的真情帮扶情怀，是支撑他完成任务的坚强后盾。他一方面积极向济南市卫健委等家乡有关部门汇报、沟通和协调，一方面发挥自己的业务专长，用实力和事实说话。

下乡走访、义诊时，他发现潮湿的天气和辛辣的饮食习惯等因素，让这里的皮肤病患者为数颇多，但不少人尤其是一些偏远地方的老人，对皮肤病基本没有概念，看他这个皮肤科医生的眼神也怪怪的。加上他的湘西话还不熟练，沟通和诊疗都颇为困难。

有一次在凤凰县腊尔山镇流滚村义诊时，其他科的医生诊桌前都排起了长长的队伍，王大见跟前依然一个病人也没有。好不容易，他瞥见旁边一位看胃病的大爷手上缠满了纱布，立即热情地上前问："大爷，您双手这么重的皮肤病，怎么不看医生？"

"这算啥病？就是碰着时有点疼，不碍事，不用看。"大爷说完，转身就要走。

王大见连忙拉住大爷，让他坐下，一边轻轻解开纱布，细心地消毒、上药，一边给他和周围的村民宣传、讲解皮肤病的危害。

几天后，那位大爷带着一名老哥找到了王大见。一见面，大爷就给王大见竖了个大拇指，连声说"济南的医生厉害"，说他的手现在怎么碰都不痛了，让王医生快给跟他来的老哥看看。

撩起那位老哥有意遮盖着双手和胳膊的袖子，王大见不禁愣住了：一些伤口已明显感染，成溃烂之势，再不抓紧治疗，有可能引起全身感染。

这事更坚定了王大见的决心：一定要说服有关部门积极协调，想方设法把州民族中医院皮肤科打造成一个整洁规范、设备齐全的特色专科，同时还要培养一批理论扎实、业务过硬的皮肤科医护人员。

苦心人，天不负。经过一次次的义诊、宣传，一个个患者的诊治、康复，慕名而来找王大见咨询、诊治皮肤病的男女老少越来越多，完善、打造特色皮肤科的提议也终获通过。

王大见被任命为州民族中医院皮肤科第一主任。制定"三步走"发展规划；利用现有条件，巩固和规范原有治疗项目；争取支持，开展多项诊疗新项目；规范查房、治疗及手术流程，切实提高皮肤科医生诊治水平……一项项工作红红火火地开展着。

授人以"鱼"，更授人以"渔"。在王大见的建议下，济南市先后组织安排了200余名医疗专家赴湘西组团式精准定制帮扶，同时，湘西州各医疗机构选派了300多名中青年医师到济南进修学习。

"初入神秘的湘西，这片云雾茫茫、山路弯弯的大地，曾让我倍感陌生；如今这片土地摆脱了贫困，我也被这人杰地灵、山美水秀的湘西大地深深地吸引，它已成了我情相连、梦常回的第二故乡。"这是王大见的感怀，也是工作队所有队员的心声。

《人民日报》2021年5月17日第20版

青春，献给那片蔚蓝

黄海涵

一

夜色如墨，惊涛骇浪。

迎着强劲的东南风，辽宁舰劈波斩浪，一路向南。

茫茫海面，辽阔无垠，只有不远处伴随左右的属舰露出点点灯光。

"3组注意，3组注意，准备位1号起降圈回收某某某号直升机。"指挥耳机中响起口令。

"3组明白。"身着黄色甲板识别服的直升机引导员回复，带领组员迅速就位。

引导员站在起降圈前，仰头在暗夜中寻找直升机的身影，手中紧握着引导灯棒。

远远地，一组熟悉的灯光出现在夜空中。引导员举起灯棒，标准地做出引导手势：

靠近——

下降——

保持——

直升机距离甲板越来越近，螺旋桨搅起一股强烈的海风，引导员纹丝不动，手中的灯棒仍在有规律地挥舞着。

直升机稳稳降落在起降圈内。引导员发出"关车"指令，飞行员关闭发动机，直升机回收任务安全顺利完成。

保障小组撤至舱内，大家摘掉头盔。引导员露出一头齐耳短发。她回过头来招呼组员："你的动作还可以再快一些。"

她叫张明珠，是辽宁舰上的一名舰载直升机引导员。

二

2021年是张明珠在辽宁舰服役的第11个年头。几天前，她刚到北京参加会议，回到舰上便立即随舰出海。

2011年，刚刚20岁、正读大三的张明珠参军入伍，被分配到辽宁舰。2015年7月31日，张明珠光荣地加入中国共产党。张明珠担任过机电兵、安全监察员。2017年，因表现突出，她又被任命为辽宁舰女舰员士官长，负责全体女舰员的日常管理工作。

"我想当一名舰载机引导员！"两年前，经过深思熟虑后，张明珠向领导提出了申请。

舰上一片哗然：这项工作异常辛苦，这么多年，还没有女舰员被分配到这个岗位。

航空部门的领导打量着张明珠，问道："明珠，当引导员要负责指挥小组成员保障舰载机起降，要具备很强的协调能力，责任重，压力大，常年风吹日晒。你真的想好了？”

张明珠目光坚定地回答：“我有信心！我要试试！”

此后，张明珠胸前的姓名牌变成浅蓝色，她成为航空部门的一员。

到航空部门报到那天，张明珠第一次见到部门给她指定的师傅。师傅负责教她舰载直升机引导作业，还要保护她在甲板面上的安全。

师傅从书架上取下几本教材和工作笔记递给张明珠，让她先把这几本材料看透。师傅本以为她至少要看上十天半个月，没想到，三天后，张明珠就捧着材料找到他：“师傅，看完了。你考考我，看我说得对不对？”

师傅考了她好几道题，张明珠答得分毫不差。师傅竖起大拇指：“明天飞行保障，你可以上甲板了。站在我身后，看我操作。”

次日清晨，张明珠早早醒来，摸黑将崭新的黄色甲板识别服、指挥头盔、对讲机等拿出住舱，对着军容镜，认认真真穿戴整齐。

走出舰岛，一眼望见满天朝霞。

根据塔台指令，张明珠跟着师傅和组员们，先在舰岛旁就位，为下一批接收直升机任务做准备工作。大家有条不紊地忙碌着。

“准备就位！”随着师傅一声令下，张明珠紧紧跟在师傅身后，第一次站在起降圈前，准备接收直升机。她压抑不住满心激动，心脏“怦怦怦”跳得很快。

一架直升机出现在视野中。师傅从容地挥动双臂，手势潇洒流畅。

直升机停稳后，师傅又指挥组员上轮挡、挂系留，完成接收保障。张明珠看得眼花缭乱，书本上的流程明明背熟了，此时却完全想不起下一步该做什么。

师傅看到张明珠有些发蒙，不禁笑了："第一次跟班，感觉怎样？"

"师傅，这么大一架直升机，能这样听你的话，你和飞行员配合得太好了！"张明珠口中答道，目光还盯着直升机，"只是，教材上写的引导步骤，刚才我一条都没想起来。"

"这很正常。有句诗不是说嘛，纸上得来终觉浅，绝知此事要躬行。"师傅挥挥手，带领组员准备接收下一批直升机。

那之后，只要有直升机飞行保障任务，张明珠就紧跟在师傅身后，学手势、练技术。飞行间隙，小组在餐厅待命，张明珠总是从口袋里掏出小本子，缠着战友问问题。休息时间她也闲不住，悄悄加练指挥引导流程，对着镜子纠正自己的手势动作。

功夫不负有心人。张明珠顺利通过了部门组织的理论和实作考核。师傅决定再推她一把："明珠，从明天开始，由你独立带领小组进行飞行保障。"

"什么？明天就开始？！"张明珠睁大双眼，"能不能再让我练几天？"

师傅摇头："就这么定了。"

张明珠只好硬着头皮加紧准备，在宿舍将保障流程复习了好几遍。自己练还不托底，张明珠又守在餐厅对师傅实施"围追堵截"："走走，咱们去机库，我再演练一次，你看看我做得对不对！"师徒两人将各种规程逐一又演练了一番，张明珠这才觉得胸有成竹。

第二天，张明珠带领小组来到起降圈前。

头一回，她的身边没有了师傅，组员整齐地站在身后，眼前只剩蔚蓝的大海和万里无云的晴空。

她呼吸着海风，心中非常平静，流畅地做出一连串指挥动作，顺利完成了直升机起降保障任务。张明珠正式成为辽宁舰首位女舰载直升机引导员。

从那以后，每个飞行日，都能看到张明珠在甲板上紧张忙碌的身影……

三

张明珠不知道，塔台上，还有个小姑娘一直默默地看着她，向往着有一天自己也能像她那样，潇洒地引导直升机起飞、归巢。

这个女孩名叫范时钰，1996年出生，比张明珠小5岁。

2018年9月，范时钰大学毕业，一上舰就被分到航空部门。还在上大学时，范时钰就递交了入党申请书。刚加入这个光荣的集体一个多月，她又主动递交了入党申请书。

一年后，范时钰晋升上等兵。出海期间，范时钰的值班战位在飞行塔台，负责保障显控台和大屏幕的正常运行。每次在塔台值完班，她都舍不得走，在窗边望着甲板。此时，张明珠正在引导直升机着舰，她做着"保持"的手势，并择机指挥接机小组上前保障。

范时钰看得出神，完全没注意到部门领导已经站在她的身后。

"小范，引导员的姿势不错吧，想学吗？"部门领导问道。

"想！"范时钰忙点头答应。

很快，范时钰也有了自己的师傅。第一次见面，师傅打量着范时钰，不禁皱起眉头："这姑娘，也太瘦了！你有80斤吗？"

范时钰赶紧摇头："我不瘦，90多斤呢！"

师傅笑了："好好，不瘦。走，跟我上甲板，看会不会被风吹走。"

舰船正迎风航行，在甲板面上工作的舰员行走时，都要弓着身子以抵御风力。刚迈出舱门，范时钰便被吹得打了个趔趄。师傅一把拉住她的衣服："小心！站稳喽！"

范时钰侧过身，咬牙站稳脚跟，心里暗想：好不容易有机会学当引导员，咋能被风吹倒？

事情想着容易做起来难。跟班保障时，师傅在前她在后，师傅替她挡了大部分风力。可是一旦身前没人，她就会被吹得晃悠。师傅见状，始终不放心让她独自上甲板指挥引导。

范时钰感到很郁闷。保障间隙，她蹲在舰岛旁边望着大海发呆：自己的体型确实相对纤小，要想在飞行甲板上站得住、站得稳，必须赶快找到适合自己的方法！

"师傅，我能不能站在比你靠后一些的位置引导？"

"师傅，我想把身体往侧面转几度，这样更能用上力气。"

"师傅，教我几个增强腿部力量的方法吧！"

一番苦功之后，范时钰终于能稳稳地站在起降圈旁。

解决了"站得稳"的难题，范时钰开始强化指挥动作细节。

刚开始，她觉得整个人都是僵硬的，大脑全部用来回忆接下来该做什么，动作也显得很死板。师傅给她支招："你可以和张明珠聊聊，她的指挥动作十分潇洒自然，你们女孩子之间多交流交流。"

范时钰回到女舰员生活区，敲响了张明珠的房门。她问张明珠："士官长，你怎么能把动作做得那么自如？"

"作为舰载直升机引导员，想将动作做得从容、专业，就必须反复练习，形成肌肉记忆。"张明珠说："来，我们一起练！"

张明珠拉着范时钰来到军容镜前，对着镜子，手把手地帮她纠正动作。

经过近百飞行架次的跟班训练，范时钰终于迎来第一次独立放飞舰载直升机的挑战。

飞行员举手示意准备完毕，范时钰指挥组员撤去轮挡和系留，确认安全后引导起飞，一连串动作准确干练。舰岛旁正在准备下一组任务的张明珠笑了。

初春，辽宁舰再赴远海，张明珠和范时钰均已能够独立完成昼夜直升机保障任务。首批两位女舰载直升机引导员巾帼不让须眉，承担了大量直升机起降保障任务。

四

又一个新航次，飞行甲板上又多了两位更年轻的女舰员——刘咪咪和元梦，她俩和另外五位新舰员一起，担任直升机起降保障小组中的轮挡员和系留员。张明珠成了她们的"兼职师傅"，在完成直升机引导保障的同时，指导新人参与引导小组工作，熟悉直升机保障流程。

从张明珠，到范时钰，再到刘咪咪和元梦……一批批年轻的姑娘，在最美好的年龄，选择把奋斗的青春献给大海，用无悔的忠诚书写芳华。她们将矫健的身影深深融入大国海军的深蓝航迹，将神圣的使命与海军大发展紧紧连在一起。

"准备位1号起降圈放飞直升机！准备位1号起降圈放飞直升机！"

放飞！放飞青春的梦想，放飞奋斗的激情！

《人民日报》2021年7月17日第8版

像骏马一样奔腾

初日春

一

风很硬，刀片一样刮在脸上，还没等人回过神来，雪就跟着下了起来。

阴郁的天气让警铃声越发显得刺耳。巴特尔跑到车库，习惯性地穿上工作服。刚刚准备好救援装备，他就被大队教导员给拦下了。

组织上决定把巴特尔树为先进典型，这是一件好事情，可巴特尔却很平静。他认为，自己做的都是分内工作，没什么可说的。而且，灭火救援靠的是集体的力量。

今天由于要接受媒体采访，他不能出火警，有些不乐意。教导员给他做思想工作，可巴特尔还是想不通，说作为基层指挥员，还有比出火警更重要的事情吗？教导员无奈地说，你先执行命令。

这次来采访的是一位刚刚工作的记者，或许是经验不足，上来就问巴特尔："你怕死吗？"

没想到，巴特尔回答说："消防员又不是超人，上有父母，下有儿女，怎么能不怕死？"

记者想了想，说："巴特尔，你的名字是英雄的意思……"

巴特尔说:"我也没想着当英雄,我就想着干好自己的工作。"

其实,从小到大,他都叫巴特尔,名字是妈妈给起的。而且,这个名字确有深意,因为他是英雄的后代。

巴特尔出生在一个光荣的家庭。他的爸爸也是一名消防员,爸爸牺牲时,巴特尔才8个月大。他对爸爸没有什么印象,有关爸爸的英雄事迹,全是家里人告诉他的。巴特尔的姑姑也是消防战线一员,在通辽消防工作。巴特尔的妈妈曾是一名柔道健将,拿过全国冠军,还代表国家参加过世界锦标赛,捧回了铜牌。那几年,家里日子过得紧巴,巴特尔的奶奶自己炸麻花,拿到集市上去卖。在巴特尔的印象里,奶奶的手上经常被热油烫出水泡。再后来,生活好些了,奶奶就把自己省吃俭用的钱拿出来,资助更困难的家庭。奶奶还被内蒙古自治区表彰为"感动草原——十杰母亲""十佳英雄母亲"。

家庭的影响让巴特尔决定也要当一名消防员。但是一线消防员意味着流血与牺牲,朋友们得知后劝阻他。巴特尔的想法却很坚定,他要继承爸爸的遗愿。

不过,真正从事这份工作后,巴特尔才发现,当好一名消防员,并不像他想的那样简单。

二

消防员必须具备良好的业务素质。别的课目巴特尔成绩都不错,唯独单杠卷腹对他来说是个难题。

巴特尔总觉得，不能给爸爸丢人，更不能让家人失望。家人给他做出了榜样：父亲英勇捐躯的壮举，母亲为国争光的拼搏，奶奶朴素无私的情怀，姑姑巾帼不让须眉的勇敢，犹如一粒粒种子，在他的心中生根发芽。巴特尔想，他们能做好的事情，自己也一定能。

家人的鼓励和言传身教，化作巴特尔刻苦训练的动力。他对自己的要求非常严格，甚至到了"狠"的地步。

那次，巴特尔参加训练比武，他满脑子想的都是争第一。

负重10楼课目要求消防员穿戴全套战斗服、背空气呼吸器、拎两盘65毫米水带。全副武装下来，总共得负重40公斤。冲上10楼，拼的是体力和速度。

优秀的标准是1分30秒，巴特尔提前了5秒！只是他光顾着兴奋了，下楼后才发觉脚趾钻心地疼。

巴特尔脱下战斗靴，发现血已经将袜子洇透了。卫生员跑过来，一瞅脚指甲都快要掉了，劝他退出后面的比赛。

巴特尔心想，不行，后面是枪炮协同灭火操，是8人参赛的集体课目，考核的是团队配合。前期大家已经训练得非常好，如果他此时离场，跟当逃兵没什么区别。他一咬牙揪下了脚指甲，简单包扎后，一瘸一拐地走到了起跑线。

10分钟后，发令枪响，巴特尔像匹骏马一样冲了出去。他居然没感到疼痛。最终，他跟战友们一起夺得了冠军。

三

巴特尔这辈子都忘不了，那次出火警让他差点儿背上处分。

火灾发生在一个批发市场，战友们瞄准的是着火层，巴特尔却在无意中听说楼上可能还有一位老人。

人命关天，他没跟任何人打招呼，独自闯进了火海。浓烟滚滚，能见度几乎为零，巴特尔摸黑寻找，终于找到了老人。情急之下，他把自己的面罩摘下，扣到了老人的脸上。

老人虽然得救了，但是组织上认为他不该脱离队伍擅自行动，让他写检讨深刻反省。

巴特尔不服气，消防员的职责不就是救人于危险之中吗？那天深夜，他给妈妈打了个电话。妈妈听完他的抱怨，只说了一句话：出警不但得注意自己的安全，还得保护好身边的战友。

巴特尔猛然意识到，每次跟家里联系，妈妈都会说这句话。他琢磨了很久，又想起来，在告别家人加入消防队伍的时候，向来坚强的妈妈掉下了眼泪。水火无情，消防员是一个极其危险的职业。可妈妈还是尊重儿子的选择，尽管一直以来，她都在为儿子担心。

巴特尔明白了，当消防员不能搞个人英雄主义，靠的是集体的力量。试想，如果自己连命都保不住了，又怎么去救更多的群众呢？巴特尔跑去领导那里谈自己的认识，领导笑了，能认识到不足，并不断提高自己，有潜力！

巴特尔始终认为，入党是至高无上的荣誉。他积极向党组织靠拢，递交了入党申请书。过了些时日，大队教导员找他谈心，说他工作上还有一些不足，希望他继续努力，不断提高自己。

巴特尔闷着头没吭声。从那以后，他跟自己较上了劲，每天都用高强度的训练来磨砺自己。教导员知道实情后于心不忍，告诉巴特尔，组织上已经将他列入党员发展计划，那次谈话是希望他再接再厉，戒骄戒躁，不要松懈。

本以为，巴特尔此后就不会跟自己较劲了，没想到，他练得更带劲了。因为在巴特尔的心中，入党是无比光荣的事，自己必须对得起这一身份，做一名合格的党员。

四

巴特尔在呼和浩特市托克托县消防一中队担任指导员时，有一次接到报警，说城乡接合部有个四合院堆积的木材着火，紧挨着的是一排排民房，如果不及时扑灭，后果不堪设想。

赶赴现场的路上，巴特尔心里快速盘算着：普通车辆抵达火灾现场需要58分钟，但途中有三个限高架，消防车的高度通不过，只能绕行，那样的话肯定耽搁时间。

巴特尔仔细回忆了一下，那些限高架旁边被大货车轧出了U形路，只要驾驶技术过硬，从U形路通过可以省下不少时间。长期的消防工作，让他对道路状况了如指掌。为了抢时间，他决定走U形路。

后来，巴特尔他们顺利抵达现场，仅仅比普通车辆多用了几分钟。一进入现场，他们马上架设水枪，开始战斗。

但让巴特尔没想到的是，有个中年男子在警戒区外对他们不停谩骂，怪罪他们来晚了。那人情绪激动，甚至从地上捡起石头，向消防员们砸过来。

负责警戒的派出所民警急了，把中年男子给控制起来。灭火结束后，巴特尔跑过去给那位男子说情。有队员不理解：我们千辛万苦在灭火，他还拿石头砸我们，你为什么还替他说话？巴特尔回答说：是咱们工作还不到位，行动还不够迅速，所以老百姓才会产生误会。

那之后，在大队的统一部署下，消防队多次深入社区、学校、牧区给群众宣讲政策。巴特尔和他的战友们还成了消防安全的义务宣传员。同时，巴特尔还悄悄资助了草原上的一对小姊妹，这件事他没说，过了好些年才被其他人知道。

2020年底，上级党委研究，要把巴特尔调入机关。可是他回绝了。

有人说他傻，而且，基层消防是年轻人的天下，年龄大了，身体状况不适应待在一线。巴特尔却说，自己是1990年出生的，眼下正当年。他还说，国外的消防员能干到60岁。再说，在一线干的时间长了，经验也相对丰富。

巴特尔这么说并非没有根据。他有个爱好，喜欢四处搜集消防专业书籍，光摘抄的笔记就有厚厚好几本。在有的人看来，那些专业知识应当由业界的学者去研究。可巴特尔不这么看，用他的话讲，我们国家的消防事业正瞄向国际一流水平，作为应急救援的主力军，消防员本身就得素质过硬。

巴特尔影响和带动了身边的战友，如今他们个个都是消防救援的小专家。

五

可有些时候，战友们也埋怨巴特尔。

为什么这么说？因为巴特尔抓训练、抓管理太严，有点让战友们喘不过气来。对此，巴特尔不以为意。他说，火场不是儿戏，平时多流汗，战时少流血。

道理是对的，可大家有时还是不理解。而且，巴特尔性子急，事情总要当日完成，一些年轻人觉得他在吹毛求疵。

后来有一次队上召开民主生活会，一位年轻的消防员提了意见，说巴特尔只知道埋头抓训练、抓管理，不跟大家打成一片。

巴特尔想，工作标准是不能降的，但是跟大家打成一片，他是可以做到的。那以后他心里就总琢磨着怎样和战友们打成一片。赶上春节，队里联欢，他带头上台跳街舞。为了演出效果，巴特尔可劲儿卖萌，滑稽的舞姿让大伙儿笑得前俯后仰。大家感慨，原来巴特尔也有这么可爱的一面。

之后，巴特尔又带领大家摇身一变，成了健身达人。他的目标是科学训练，让战友们拥有良好的体能。

再之后，那名年轻的消防员对巴特尔说："队长，俺佩服你咧。"

毫无疑问，战友们真正理解了他。他们也明白了，灾害事故才是真正的敌人，平时要求严格点，没错！

此时，耳边传来阵阵训练号声，巴特尔扭头望向窗外。他的眼前浮现出一幅美丽的画面——草原上，他和他的战友们仿佛变成一匹匹奋蹄的骏马，正在广袤的天地间尽情奔腾……

《人民日报》2021年9月13日第20版

守岛人的信念

刘晶林

一

这一天，初升的太阳越过海平面，照在位于黄海前哨面积仅有0.013平方公里的开山岛上。岛上的一条从山下通往山顶的小路，不经意间，就被阳光镀亮了。

这是一条有着208级台阶的小路。在小路尽头的山峰上，竖有一根旗杆，像是把小岛牢牢地固定在中国万里海疆的版图上。

这时候，三位开山岛民兵哨所的民兵，身披晨光，沿着小路拾级而上。他们是去升国旗的。

1986年，根据国家经济建设和国防建设的需要，原先驻守开山岛的解放军某部三连奉命撤离。上级把守岛的任务交给当地民兵，王继才、王仕花夫妇接过了担子。守岛32年来，夫妻俩风雨无阻，每天都要到山顶去升国旗。而今，王继才已经去世三年了，守岛的旗帜传到了开山岛民兵的手上。于是，升旗便成为新一代守岛人生活的一部分，或者说，是他们生命的一部分。

现在，他们正向山上走去。随着一步步登高，眼前的空间陆续打开。这个过程，仿佛是向着辽阔与高远，不断迈进。

<h1 style="text-align:center">二</h1>

2018年7月27日，开山岛民兵哨所所长王继才在执勤时，突发疾病，抢救无效，不幸去世，年仅58岁。

王继才生前曾对妻子王仕花说："咱来了，就踏实地守着。这里是祖国的一部分，咱在这里升着国旗，意义重大。"这是王继才的承诺，也是王仕花的承诺。王继才去世后，王仕花向上级递交了继续守岛的申请。

与此同时，江苏省连云港市灌云县人武部在全县范围内征集守岛民兵，报名者多达500多人！

在四队镇党政办公室工作的黄小风，第一时间报名申请守岛。黄小风与王继才同乡，可以说是从小听着王继才守岛故事长大的。在黄小风的心中，王继才就是英雄。黄小风一心向英雄学习，立志做一个像王继才那样的奋斗者。

在东王集镇退役军人工作站工作的常祥栋，主动要求守岛，可妻子不同意。妻子说，儿子明年上初三，要参加中考了，关键时候，你不能离开。常祥栋反复做妻子的思想工作，说王继才舍小家、为国家，现在国家需要人守岛，我这样做，不也是为儿子做榜样嘛！后来，妻子理解了丈夫的追求，常祥栋如愿以偿地成为开山岛哨所的新一代民兵。

三年来，灌云县人民武装部先后选派37名民兵守岛，这些人绝大多数都是年轻人。其中2021年9人，分为3个小组，分批进岛轮值。

现在向山顶走去的这三个人，正是轮值守岛的一个小组成员。在他们的前方，似乎永远走着一个熟悉的身影，像旗帜般引领着他们，那就是王继才。

是的，在他们的心里，只要去升旗，王继才都会与他们同行。

三

沿着一级级的台阶，他们继续向山顶攀登。

他们知道，并不是每一次升旗，天气都这么好。在海上，风暴是小岛的常客。

风暴来的时候，事先不会打招呼，它常常躲在低垂的大片大片的云朵里，或是潜藏在海底游动的鱼群中，总之，不露痕迹。等到接近小岛时，风暴才突然现身，从隐蔽处一跃而出，大声呐喊着，咆哮着，向小岛猛扑过来。

那一年，王继才升旗途中被狂风刮落山崖，摔断了三根肋骨。后来在妻子王仕花的搀扶下，他忍痛走向山顶，硬是把国旗升了起来！

比起王继才，新一代守岛人守岛的时间并不长，但也经历过风风雨雨。

有一次，狂风来了，竟赖着不走。一个多月里天天刮风。船进不了岛，食品供应出现断档。那些日子，他们天天吃方便面，似乎把今后三年五年，或是十年八年要吃的方便面，集中在这个时间段全吃了，以至于后来一闻到开水泡面的味道，胃里就泛酸水。

还有一次，也是风暴袭来，民兵哨所副所长邵正刚接到妻子电话，说12岁的儿子高烧不退……此时，风暴肆虐，根本就无船出岛。邵正刚能够做的，只能在电话中一遍一遍地安慰妻子，并向岛外的亲朋好友求助。

除了大风大浪，守岛人生活中要应对的困难还有许多。

比如说，2018年9月，首批轮值的民兵初进开山岛，居住在小礼堂。因年久失修，礼堂的多扇窗户破损，蚊虫趁机入侵，叮咬得人根本无法入睡……后来，县人民武装部修建了宿舍，国家电网连云港供电公司及时提供了智能微电网及海水淡化系统等配套设施，岛上生活条件有了很大改善。回首往事，在岛上值守的汪海建、袁洋、王绪兵等人，记忆犹新。

比如说，岛上虽有冷藏柜，可是蔬菜保鲜时间短，几天过后，大家吃的蔬菜就只剩下易于保存的土豆了。也就是说，他们在岛上轮值的2/3时间里，烹饪变得特别简单，除了炒土豆，就是炖土豆。

四

往前走，就要到升旗台了。每每走到这里，他们都会停下来，回望一下身后的陆地。

这一次，也不例外。

当他们的目光像海鸥一样拍打翅膀，越过茫茫大海，向着对岸疾飞时，有一种纯净的、接近于无限透明的感觉，会在心间迅速蔓延开来。

说来也怪，为什么一座被大陆架高高擎出海面、面积不到两个足球场那么大的小岛，竟对他们有着如此大的吸引力？

驻岛是有经费补贴的。但那点补贴，远远构不成大家争相上岛的理由。他们来自各行各业，都有自己的固定收入，别的不说，就说把生意做得风生水起的几位年轻人吧，驻岛的经费补贴哪里比得上他们的经营收入呢？但他们义无反顾地来了。在这些守岛人的心里，从来不是以报酬的多少来衡量一件事情的意义。他们自有精神上的追求。

90后张奥，三年前曾和王继才有过一次谈话。王继才说，小张，人要耐得住寂寞，守得住清贫，坚定信仰，踏实工作。后来，张奥正是因了王继才的这席话，前来守岛的。他想沿着王继才的足迹，探寻英雄身上的"坚守"之谜，觅得人生真谛。

32岁的开山岛民兵哨所所长陈志显，其年龄恰好与王继才的"岛龄"相吻合。一座岛，两个人，32年，这三个数字意味着什么呢？陈志显想了很久很久。他认定，王继才就是他人生的坐标。他要像王继才那样，守岛，爱国，用不懈的努力给生命赋予意义。

邵正刚是第一批志愿者，至今轮值守岛三年了。2020年的冬天特别寒冷，最低气温竟达零下18摄氏度。岛上那棵著名的苦楝树被冻死了。当他看到王仕花搂着那棵树失声痛哭时，他的内心受到强烈的震撼。那棵苦楝树是当年王继才和王仕花夫妇亲手种下的。夫妻俩先后种了二三百棵，才成活了这一棵。三年前，王继才离开了大家；现在，苦楝树也离大家而去。邵正刚看着搂着苦楝树泪流满面的王仕花，心想，恶劣的天气可以让树枯死，但无法改变守岛人坚定的信念。在这之后，邵正刚在岛上到处种花，种一种学名叫"紫茉莉"的花。他要让这种抗寒、抗热、抗风、抗雨的花，用坚强与热烈，为守岛人代言。

事实上，他们中的每一个人，远离喧嚣，远离诱惑，在岛上站岗、巡逻、放哨、升旗……久而久之，觉得心灵时时有一种被净化的感觉。

五

走完最后一级台阶，他们来到开山岛的制高点——升旗台。

王继才守岛时，每天要在这里升旗。

现在，他们来了。他们也是升旗手。当他们展开国旗，这时候，天是红的，海是红的，云是红的，晨光是红的，就连低飞的海鸥也是红的……红红火火，预示着伟大的祖国吉祥如意、平平安安。

他们知道，自从民兵驻守开山岛以来，一个有着30多年光荣历史的小小民兵哨所，在王继才、王仕花夫妇长年不懈的坚守下，风里雨里，一路豪迈地走到今天，注定会为后来的每一位哨所民兵带来沉甸甸的精神收获。

他们知道，升国旗，就是宣示国家主权。因此，当他们成为开山岛哨所的一名民兵时，肩头就有了山一般的重任。他们甚至觉得，因为在这里升国旗，自己已经不是原来意义上的自己了。能够为亲爱的祖国守护和平与主权，他们感到由衷的自豪。

他们还知道，在他们的身后，有着更多的民兵；在不远的未来，会有更多的守岛人。他们会和自己一样，每天早晨，满怀激情地让鲜艳的国旗和太阳一同高高升起。

此时，他们高唱国歌，向着国旗敬礼。

呼啦啦迎风招展的国旗，在徐徐上升的过程中，发出猎猎作响的声音。这声音，经海风的吹拂、传播，便有了浩浩荡荡的气势。于是乎，眼下就不仅仅是三位轮值的民兵在升旗了，而是成千成万的守岛人在升旗。鲜红的旗帜舞动着，如歌，如画，如号角劲吹！

在祖国的黄海前哨，在开山岛，新的一天，就这样开始了。

《人民日报》2021年9月20日第8版

独龙江畔的青春年华

聂虹影

一

7月2日的首都，节日的气氛依然浓厚。长安街上灯火璀璨，人流车流如织。我们开车载着云南独龙江边境派出所的苟国伟教导员，行进在长安街上。此次，苟教导员是代表派出所进京参加建党百年系列活动的。2021年"七一"前夕，云南独龙江边境派出所获得"全国先进基层党组织"称号。

参加完所有活动，距苟教导员离京时间不足8小时。因为要把喜悦抓紧分享给战友和乡亲们，所以他订了第二天一早的航班。我们见到他时，已是深夜。这是苟教导员第一次来北京，加上时间紧张，此刻我们所能做的，就是开车带着他看一看北京最繁华的地方，感受一下首都的夜景。

走着走着，苟教导员突然问："这是从南往北走吗？"我们告诉他，是从东往西走，长安街是东西走向的。苟教导员顿时有些不好意思："从独龙江出来，看所有的路都是南北向的。"我立刻恍然大悟。三年前，我曾随一个媒体采访团来到云南省怒江傈僳族自治州贡山独龙族怒族自治县独龙江乡。在那个深山坳里，只有3条宽6米、长1公里的南北走向的街道，还有怒江的美丽公路、独龙江公路，也都是南北走向。

独龙江乡地处边境，是一个险峻与秀丽齐聚的地方。曾经，"天无三日晴，地无三尺平"是这里生活的真实写照。2014年独龙江高黎贡山隧道通车前，每年12月至翌年6月，大雪封山，很难通行。如今，这里已经修通了公路，也实现了全面脱贫。

独龙江边境派出所前身为解放军边防某连、怒江州公安边防支队独龙江边防派出所，2019年由现役制转改为人民警察。几十年来，一代代戍边人秉持"扎根独龙江，一心为人民"的奉献精神，守护着这块领土，捍卫着祖国的边境线。

这是一个十分年轻的集体。派出所里40名民警，平均年龄不足26岁，30岁以下的占到75%，年龄最小的才22岁。苟国伟34岁，已经算是里面年龄较大的了。2008年他从军校毕业后分配到当时的独龙江边防派出所工作了3年，2021年4月他又主动申请回到这里。

二

提起所里的战友们，苟教导员告诉我们，大家都很好，只是现在任务依然繁重。云南边检总站增设了很多警务室和执勤点，独龙江边境派出所有6个警务室，民辅警24小时值守。另外，当地雨水很大，

2021年4月到6月间只有一天晴天。昨天所里就打来电话说，又下大雨了，巴坡到马库的路中断，江水漫过公路，大家因此又忙碌起来。

一路上灯火璀璨，让我想到那次去独龙江的当晚就遭遇停电。

"现在独龙江还停电吗？"我问苟教导员。"受自然环境条件限制，独龙江电力相对于外面还是偏弱。但是和以前比，条件已经非常好了。"他说。

对于那片土地来说，最大的变化是独龙江公路的开通。"没有路时，我们出警走访都是靠溜索。"苟教导员向我们描述道。横跨怒江的钢索就是往来的路，溜索时人必须紧紧抓住索绳，身下就是奔腾不息的江水。有时铁索上有刺，常常将手心扎出血。

苟教导员说，是中国共产党改变了独龙江贫困的面貌。对此，身处边疆的他们感受最深。现在各村组都有活动室，村民会在一起学习。独龙江的孩子从幼儿园直到初中，党和政府都给予很优惠的政策，集中办学。民警们则承担着对孩子们的法制宣传教育和保护校园任务。乡亲们都发自内心地感恩共产党。

三

我们的车缓缓地行驶在长安街上。苟教导员感慨，北京真繁华，要是战友们都能来看看就好了。他想到了于建辉烈士。20年前，北京籍战士于建辉在抢修独龙江公路时，不慎坠江牺牲，年仅20岁。烈士牺牲后，他的父母从北京千里迢迢赶过来，想看看儿子最后战斗过的地方，却因大雪封山，等了一周也未能如愿。面对吞噬儿子的独龙江水，烈士的父母号啕大哭，最后悲痛地离开。由于路途遥远、艰险，这么多年来，烈士们的亲属很难来独龙江扫墓。现在独龙江的路修好了，派出所和地方政府正在筹划，将烈士们的家人接到独龙江来看看。

我的脑海中，映现出独龙江密林深处那座鲜为人知的烈士陵园，不禁湿了眼眶。采访时，我们曾到那里凭吊长眠的战友。陵园规模不大，园门两侧，是"干革命不讲条件，保边疆为国献身"的挽联。8座墓碑依山而建。在那里，我第一次听到了烈士们的故事。他们牺牲时平均年龄只有20岁出头，为守护和建设独龙江，将青春和生命融入祖国边陲的这片土地。

"巴坡烈士陵园山坡上的那棵橘子树还在吗？"我问苟教导员。"太遗憾了，那棵树去年'5·25'泥石流时被冲走了。那是独龙江唯一的一棵橘子树啊，陪伴了所里好几代人。"他说。

采访时，那棵橘子树给我留下了深刻印象。满目荆棘丛林中，摇曳着果实的橘子树格外引人注目。派出所的战友介绍说，由于气候和土质的原因，独龙江除了种植作为调料的草果外，其他庄稼和果木都很难成活。这棵橘子树是多年前一位战友探亲回来时徒步背进独龙江的。那时独龙江还没有公路，独自一人背着棵树苗跋山涉水，其艰辛可想而知。为了培育这棵橘子树，大家花费了不少心思，后来树苗不但成活了，还结了果实。小小的橘子树，成了官兵们寂寞深山生活的调剂，也承载了他们绵长的乡愁。

2020年5月下旬，独龙江持续强降雨，导致泥石流自然灾害发生。近一公里的路全部掉到江里，整个独龙江乡断水断电一周。当时巴坡受灾严重，通往烈士陵园的台阶和防护栏杆全部被冲毁。巴坡警务室的一位民警写了份遗书留在警务室，然后在随时可能发生塌方滑坡的山野中走了整整一天，才到达乡政府，将灾情作了汇报。危难关头，派出所立即启动应急预案，全力投入救灾工作中。他们协同乡政府为受灾群众和滞留旅客搭建临时安置场所，提供食物补给。从那之后，雨季时所里给养保障存储增加到一个月的需求量，尽管新鲜的菜依然不够，罐头存储却很充足。相比之下，派出所位于乡政府所在地，条件还算好，警务室就更艰苦了。

比如，钦郎当警务室与41号抵边警务室，一年有280天以上都在下雨。民警们除了负责村民的日常事务外，还要抗击泥石流等频发的自然灾害。我们的采访团到达钦郎当警务室时，那里已停电一周。停电时，大家就捡拾山上的枯枝烧火做饭。警务室所有的锅都被烟火熏得漆黑。也有罐装液化气，但运输成本太高，大家一般舍不得用。警务室的民警说，他们从不轻易剩饭，因为供给保障太不易。我记得，警务室有一位叫王成鹏的民警，26岁，毕业于贵州大学。我问他："为什么选择入警呢？"他说，当时公安边防部队到学校招人，因为爷爷当过兵，自己有很深的军人情结，就报名了。我又问他，后悔自己的选择吗？话音刚落，他就迅速地摇摇头说："不后悔！"我感慨这里确实非常艰苦，他却说："守边疆就该是这样。"我问他："这里经常没电、没网络、手机没信号，熬得住吗？"他笑着说："没有什么熬不住的，何况现在的条件已经好多了。"我连忙向苟教导员问起王成鹏的近况。他告诉我，小伙子还在所里工作，积极上进，现在光荣地加入了党组织，成为一名预备党员。我听了，心里再次给王成鹏点了一个大大的赞。

四

行至西单，路边彩灯缠绕的花坛中，"以人民为中心"几个大字闪着光芒。我的脑海中，不禁浮现出独龙江边境派出所老营房墙上那行"扎根独龙江，一心为人民"的标语。首都和边陲，相隔几千公里，却遥相呼应。

在独龙江特殊的环境中，历代戍边人帮群众开梯田、种粮食、修驿道、抗疾病，帮助群众改善生产生活条件。派出所和群众的关系一直是鱼水情深。民警们把为老百姓服务看作是本分，而老百姓对民警们也是真的好。他们常常暗地里给所里送来几把蔬菜、几个鸡蛋，甚至是一只活鸡。苟教导员还说到一件事。这次，获得"人民楷模"国家荣誉称号的老县长高德荣也来北京了，受邀到天安门城楼观礼。观礼结束后，老县长把自己上城楼时佩戴的领带送给了苟教导员，说要把这份吉祥留给最亲近的人。那不是一条普通的领带，是乡亲们为老县长进京专门赶织的领带。

这个光荣的集体也获得了很多荣誉。近年来，独龙江边境派出所荣获"第二十三届中国青年五四奖章集体""全国民族团结进步示范单位""全国先进基层党组织"等称号，荣立集体一等功、二等功、三等功各1次。对于这些荣誉，苟教导员说："我们要珍惜荣誉，再接再厉。在独龙江，还有许多事情需要我们去做。群众需要我们。边境的守护也不能有丝毫的马虎。"

我想起了那次在独龙江采访时，一位90后女记者和我的交流。她说来到这里后开始反思。作为独生女，她已经习惯了家人围绕着自己，遇到事情也先想自己。但是，这趟独龙江之行，听到的看到的无不令她流泪。她说："到了这里我才明白什么叫不计得失、舍生忘死。您说，接到群众的报警电话，民警毫不犹豫就钻进雨中出警，难道他们不知道危险吗？万一山体滑坡石头滚落丢了命怎么办？我们同为年轻人，为什么独龙江的民警们能够这样做？"

我把那位女记者的困惑转述给苟教导员，他听后笑了："这些，战友们都习以为常了。在人生最美的年华里，我们都曾奋斗过，有了保护人民、守卫边关的青春经历，这辈子，我们都值了！"

《人民日报》2021年9月27日第20版

高原之上，青春无悔

钟兆云

一

2月的西藏昌都，雪花纷飞，室内却暖意融融。看着队友们摆上的长寿面，在一声声生日祝福中，卡若二中音乐老师曾晓梅不禁泪光闪烁。她没想到，会在援藏支教中迎来自己的40岁生日！

他们一行20位福建援藏教师，春节刚过便从春暖花开的东海之滨出发，为海拔3000多米的雪域高原带来了春的气息。曾晓梅援藏本已期满，而且泉州家中的老人需要服侍、正待高考的儿子需要陪伴。尽管如此，她还是因这里的教学需求选择留下。人生计划打乱了，她却毫不在意，工作充实得没时间想家，忘了刚进藏时持续感冒的煎熬，忘了思念亲人时的通宵难眠。

都说她越来越像当地人，这是在表扬她高度融入呢。儿子在视频通话里却忍不住"吃醋"了："难怪舍不得回来，原来你在西藏有一群孩子！"

是有一群藏族孩子，围着她，叫她老师，叫她姐姐。

她负责12个班级的音乐课。孩子们能歌善舞，唱汉语歌没问题，只是发音不准。她就利用课余时间，一字一句给他们纠正。孩子们说的汉语、写的汉字哪怕再简单，在她看来也是那么美，和眼前一张张如格桑花开的笑脸一道，成了寂寞孤单时最好的慰藉。

曾晓梅入藏以来，眼界和境界都在提升。作为昌都市优秀援藏干部人才的她，仍说和队里的哥哥姐姐们有差距：队里57岁、两度援藏的"全国脱贫攻坚先进个人"刘斯老师，仍俏皮地说自己还年轻，还能为昌都的教育事业做贡献，自己又有什么理由不继续奋斗呢？她心中升腾起一个梦想，那也是她和队友们共同的梦想，就是用教育让那些正值花季的孩子们盛开芬芳。

孩子的眼睛最是天真单纯。他们通过福建省援藏工作队捐赠的VR设备大开眼界，看到了美丽的风景、神奇的太空、感人的红色教育基地……远方的景物此刻仿佛伸手可及，令孩子们情不自禁地欢呼："科学技术真神奇，我一定要好好学习！"孩子们的笑声让曾晓梅相信，在支教的帮助下，孩子们的人生一定更美好！雪域高原也一定会更美好！

二

援藏队员们，哪个的皮肤不被晒得红里泛黑？哪个的嘴唇不曾干裂？可面对使命的召唤，这批80后开始了新一轮上场。

边坝县住建局副局长、33岁的吴文彪，下乡遇雪山崩于前而面色不改，辗转闽藏两地住院都若无其事，却在援藏结束的欢送会上哭得稀里哗啦。回到宿舍，他还在离愁别绪中难以自拔，给妻子发短信说："情到深处竟无言，唯有泪千行。"千里之外的妻子调侃地回复："没那么夸张吧，跟我分开你咋没哭？"

看到他的援藏故事上了新闻，100岁的爷爷说这是家族史上最大的光荣，5岁的孩子也视父亲为英雄。他则不止一次对儿子说："等你长大了，有本事也援藏去，看你爸当年修建的房子好不好？"

妻子打趣道："就你修的那些厕所？"

吴文彪进藏后看到当地的旱厕，心生触动，主动请缨修建现代化厕所。他说："干不了惊天动地的大事，那就从小处着手吧。修好一个厕所，让百姓多一个舒心的地方，也算是办了件实事。"

方便之事，岂是小事？边坝县两个使用频率最高的示范公厕，就是年轻人干出来的。

吴文彪当年读小学时，总听乡亲们称赞一位前去援藏的当地干部，幼小的心灵便生出"长大也援藏"的心愿。洁白的雪山、清澈的蓝天、淳朴的当地人民，从那时起就深深印在他的心里。他在西藏遇到了更美的自己，回福建后也一往情深地继续为西藏发展添砖加瓦。一批批援藏干部"余情未了"，一批批援藏干部接续前行，成了一项传统。

三

2019年7月15日，福建省第九批援藏工作队从福州启程时，领队魏东与大家共勉："高原缺氧不缺精神，海拔再高追求更高。"福建省援藏工作队从落地林芝到转战昌都，一步一个脚印，千磨万击还坚劲，着力打造东西部扶贫协作和对口支援的典范。

原本在生活中与雪山、高原无缘的援藏队员们，对西藏满怀热情和向往，却被接连而至的高原反应考验着体魄与意志。

1983年出生的潘宜协，内心早就埋下了一颗援藏的种子。多年后，种子终于发芽，潘宜协援藏梦圆。不承想，他在海拔4000多米的邦达机场刚一落地，便头重脚轻、如踩棉花。虽然没像有的同行者那样一头栽倒，各种症状也没轻易饶过他。

但毕竟带着使命而来，沉甸甸的责任感压实了绵软的步履，奋斗向前的惯性推动大家第二天就投入相关会议，再之后是实地考察，各个工作组都快速安营扎寨。

半个月不到，领队就带着相关部门的队员，下到对口支援的八宿、左贡、边坝、洛隆四个县调研，一周时间辗转上千公里。白天调研，察看项目，督促进度；晚上座谈，谋划思路。山高路险谷深，昌都让这群初来乍到者知道什么叫惊心动魄：羊肠道边密布着万丈深壑，高耸着悬崖绝壁，下面则常是深不见底的滔滔江水，万一失足，后果不堪设想。

在这样马不停蹄的调研中，大家逐步见识了藏区山川的险峻与壮美，了解了昌都经济社会的困难和挑战。潘宜协后来回忆这次调研，满是感慨："一路艰难地走下来，心中充满对大自然造化伟力的震撼，也更加坚定了为这片神奇土地奉献的信念。"

来了，就要像小草和格桑花那样扎根雪域边陲。援藏人生的每一天都不会空虚，今后回忆起来没有一天会后悔……有了这样的信念，青春的斗志便敢和那雪山试比高。

2020年，福建省第九批援藏工作队左贡工作组荣获"西藏青年五四奖章"。

四

群众最缺什么，就全力以赴做什么。医疗卫生是昌都当前最大短板之一，福建投入援藏资金3.8亿元建成昌都市妇幼保健院新院、昌都市疾控中心等一批重大项目——还不够，再从福建带来一批年轻医护人员，助力昌都"健康扶贫"。

2020年4月，医护人员长驱四五百公里，到边坝县开展下乡义诊暨"师带徒"活动。义诊中，他们突遇22岁的卓玛拉嘎分娩困难，若不及时剖腹产，将危及母婴。产妇家属坚持要转院昌都市，可一路上至少八九个小时的车程，加上路途颠簸，谁敢保证不出意外？

妇幼院院长刘达宾带着医生苦口婆心做工作，家属终于同意就地实施剖腹产。一小时后，婴儿顺利出生，母婴平安。产妇家人献上洁白的哈达，借歌声表白真情："遇上你是我的缘。"

昌都的手足畸形发病率较高。患儿内心自卑，治疗费也让不少家庭一筹莫展。援藏工作队建起了救治小组，协调福建、北京、上海等地优质医疗资源，已成功救治患儿80例，最小的患者只有8个月。看到术后的孩子依偎在母亲的怀抱里甜甜地笑了，看到以前总将手藏在袖子里的小朋友终于可以大大方方"露一手"，想到他们及其家庭今后的命运将得以改变，刘达宾的欢喜还没来得及浮现在脸上，就险些倒地——连轴转的他实在太累了！

五

援藏的初衷是什么？32岁的林全斌一开始没有细想。一年来，耳闻那些摆脱顽固疾病的家庭变得笑语盈盈，目睹在雪山顶上网课的孩子看到全新世界的喜悦，还有那一座座新村新居、一条条雪中水道，他感受到了这片古老土地迸发的蓬勃生机。助力藏区进步，正是援藏工作的初衷！

他感叹："从开始的新鲜好奇、步履维艰，到现在的熟悉融入、逐步适应，曾经遥远的世界屋脊变得触手可及。发生着改变的不只是身体，还有心灵。"

正是因为有了这样一颗心灵，他在结束原本一年半的援藏后选择继续留下。家中两个幼子抱住他双腿不让出门的情景，曾让他每每想起就泪眼蒙眬。每一次的狠心挣脱，却也坚定了他不负此行的决心。

援藏是思想的修行，是心灵的升华。这段岁月好慢，慢到亲人们似乎已经习惯了他们的缺席；这段岁月好静，静到他们能听到自己拔节成长的声音。

世界屋脊上千年的跨越，不易！每一位勤恳工作的在藏和援藏干部，都有着太多令人感动泪流的故事。他们无惧雪崩、暗冰、泥石流、塌方、落石，顶着日月星辰奔走在高原之上。

援藏队员的一次次停留，是爱上了这块神秘而多彩的土地，恋上了广袤的草原和美丽的格桑花，还是迷上了热情高亢的锅庄舞和浓烈香甜的青稞酒、酥油茶？每个人都会有自己的答案，不会因为走得太远而忘了自己何以出发！

3月，又一批48位专业技术人才从福建进藏，他们中80后近一半。

一位队员说：当我老了，一定会经常翻开相册，抚摸这些年的援藏岁月，给孙辈讲述这最美的经历……

《人民日报》2021年10月4日第8版

最美丽的乡村图画

青春啊，永远是美好的，可是真正的青春，只属于这些永远力争上游的人，永远忘我劳动的人，永远谦虚的人！

——雷　锋

一

初夏，淅淅沥沥的雨中，满是卢洁关于团山湖的温暖记忆。

卢洁个头不算高，有点江南女子的温婉，还特能吃辣，性格外向，但她却是正宗的山东女子，说一口标准的普通话。

"看，那边就是新田组！"男友指着前方说，"那是当年雷锋在团山湖开着拖拉机开荒耕地的地方。"

那是2014年夏天，23岁的卢洁第一次来到团山湖。

绿油油的菜地稻田，与远处的农家小院相映成趣；清澈的湖水，倒映着蓝天白云、青山绿树。一切都美不胜收，让她仿佛走进画卷之中。

男友告诉她，团山湖原本是一片沼泽地。春天，湖洲上长满绿茵茵的青草；夏天，湖里涨满水，一望无际；秋天，水鸟回到湖里，像过年一样热闹；冬天，湖里干涸了，湖土被晒成褐色。以前的团山湖，不仅有洪涝灾害带来的悲伤，还有让老百姓谈之色变的血吸虫。

男友还说，1957年，人们开始治理沩水河，掀开了团山湖的新篇章。治沩工程结束后，望城人又开始了新的奋斗，誓把荒芜的湖沼地变成米粮仓。就是在这里，雷锋走上全新的岗位，成为望城第一名拖拉机手，驾驶拖拉机开垦家乡的土地。

团山湖，是雷锋家乡湖南省长沙市望城区乌山街道一个普通村庄的名字。沼泽地的荒芜，早已成为历史的记忆；现在的团山湖，款款走来的是湖光水色、人寿年丰的现代化新农村。

这片生机勃勃的土地，笃定了卢洁的选择。她嫁到了团山湖，投入团山湖的怀抱之中。

2015年，听说街道要公开选拔村级后备干部，卢洁毫不犹豫报了名。

"怎么想着放弃城里大型企业的工作来团山湖工作呢？"街道干部问她。

她想了想，说了三点理由："其一，虽然我是山东人，但我是团山湖的儿媳妇，这里也是我的家乡，我有责任和义务参加家乡的建设；其二，这里是雷锋工作过的地方，老一辈人奋斗的故事，激励着我们年轻人；更主要的，我是一名共产党员。"

"村里工作非常具体，你听不懂望城方言，肯定有不少困难。"街道干部又说。

她看了看窗外，坚定地说："雷锋那一代人把荒芜的湖沼地变成了米粮仓，一代代团山湖人把团山湖建成了美丽乡村，我们现在遇到点困难又算得了什么？"

街道干部微笑着点了点头。

刚开始，她在村上跟班学习；后来，她协助党建、民政、计生、文明创建等工作；现在，她是村党总支委员兼第一党支部书记，主要负责党建和民政工作。

在团山湖工作，有艰辛，也有困惑，但更多的是希望和感动。

2017年7月初，因洪水上涨，团山湖部分房屋被洪水淹没，大部分群众被转移到防洪堤上，并成立了一个临时指挥部。

卢洁负责转移群众的日常生活。政府送过来的物资，各地捐赠来的物资，她都要一一对接、登记，然后公平、精准地分发给群众；转移到堤上的重要设备、一时分发不出去的物资，放在仓库里，需要日夜看管；每天，她还要组织工作人员发放近2000个盒饭……

整整21天，洪水才退去，她便在堤上坚守了21天。21天，她瘦了8斤，没有睡过一个囫囵觉，连家里1岁多的儿子也顾不上照看。但卢洁无怨无悔，她说，这21天的奋斗，让自己更深刻地感受到了团山湖的有序、团结、温暖、坚强。

驻团山湖村第一书记谭婧舒，是望城区委组织部的一名干部，与卢洁一样，也是一名90后。在望城土生土长的她，办事雷厉风行，说话快言快语。她出身于党员之家，爸爸、伯伯、叔叔、堂哥、堂姐等，加起来有8名党员。自从上高中开始，爸爸就鼓励她好好学习，争取向党组织靠拢。刚开始，她还不太能理解爸爸的苦心；后来，慢慢明白了加入党组织的意义，并光荣地加入了中国共产党。

谭婧舒是今年2月到团山湖村当驻村第一书记的。她知道这个村的特殊性。到村里的第二天，她就去拜访李湘枚老人。李湘枚是雷锋的同事，他们曾经一起围垦团山湖。几十年来，"学雷锋""当雷锋"已成为他的一种习惯。李老跟她讲了很多团山湖的奋斗故事，还嘱咐她加强班子队伍建设，推进移风易俗工作，充分发挥好老党员的模范带头作用。随后几天，谭婧舒走访了村上所有的老党员、老骨干，与他们促膝交谈，倾听他们的心声和建议。果然，在随后的移风易俗、美丽屋场建设等基层治理工作中，这些老党员纷纷担任村务监督委员会成员、劝导员等，不仅自己参与，还积极监督。效果立竿见影，团山湖村入选了第二批全国乡村治理示范村。

刚到村里，谭婧舒就发现，拿着本子和笔与村民交流，会拉远与群众的距离。村里的工作需要与群众耐心细致地沟通，需要走进他们内心，才能打开工作局面、化解工作难题。于是，她放下本子和笔，以群众喜欢的方式与大家交流。回到办公室后，再将群众的心里话记在笔记本上，分类梳理。

她知道，团山湖不仅要进一步深度挖掘雷锋精神，更要以新的思维、新的视角来理解、宣传、传承雷锋精神。现在的团山湖，不论是美丽屋场建设、乡村振兴，还是雷锋精神的传承与弘扬，都离不开党员干部发挥模范带头作用，离不开乡风文明的重振。

稍有闲暇，谭婧舒总爱漫步在流经团山湖的八曲河畔。河水波光粼粼，让她常常想起雷锋在团山湖农场写下的诗篇：

往日的团山湖——

湖草丛生，满目荒凉，

……

如今的团山湖啊——

良田万顷，满垄金黄，

微风吹过一片稻香。

二

"讲一讲，为什么不想在村里干了？"周罗云不急不慢地问道。

肖泽南脸一红，低下头，不好意思地说："书记，还是不讲了吧。"

"泽南，虽然你还年轻，但你已经是一名共产党员了，有什么事就直接说，不要吞吞吐吐。"周罗云说。

"书记，我当时确实是想回家乡来尽自己一份力，但现实总在改变我的想法。"肖泽南说。

这是2018年12月底的一天。

年近六旬的周罗云，是望城区铜官街道中山村党总支书记，有着近40年的党龄，当了30年的村干部。1995年出生的肖泽南，一个皮肤黝黑的帅小伙，当时还是村后备干部。在周罗云眼中，他还只是个孩子，但又是中山村的希望与未来。肖泽南在上大学时就入了党，而且积极自主创业，是学校自主创业孵化基地的佼佼者，2018年8月回村之前，他的月收入已经达到2万多元。

"泽南，当时你肯回村里来，我非常欣慰。因为我知道，你在城里发展很好，但你愿意回来，和我们一起建设乡村，这体现了你的志向和担当。"周罗云说。

肖泽南沉默了。

周罗云继续说："我们也希望年轻人到外面闯出点名堂来，巴不得你们走得更远，飞得更高。但农村这个广阔舞台，同样很需要年轻人来奋斗。"

"当年退伍后，也有朋友叫我到广州、深圳等大城市发展，但我选择留在村里。"周罗云回忆起往事，有点动情地说，"这30年里，我带领村民办过厂，引进过企业，搞过种植，也发展过养殖业，村里在一天天变好。我觉得，我的付出是值得的。"

肖泽南的眼角泛起了泪花。

后来，肖泽南选择了留下。他的心越来越踏实，干得越来越好。他想方设法改善村里的道路交通，招商引资，建设果园，发展农家乐和民宿。他还认识到，中山村要真正振兴，必须要有能持续发展的过硬的产业。2019年10月，肖泽南当选为村党总支委员兼第三党支部书记。

令周罗云欣慰的是，现在的肖泽南已经完全与村民打成一片了。今年春节前夕，肖泽南和村治安主任、老党员谭宏伟一道，给樟树湾组尚未硬化的道路铺小石子。看着他们挥汗如雨地干活，附近的村民都带上工具自发参与进来，还有一位老奶奶端来了热气腾腾的芝麻豆子茶……这一幕让周罗云觉得，这就是最美丽的乡村图画。

三

"村委会来了个小女孩！"今年初，一个消息在望城区白箬铺镇古山村传开。

"多大了？"有村民问。

"才20岁。"有村民说。

是的，她就是潘俊，2000年出生的她已经大学毕业了，还当过几个月辅警，现在不仅是入党积极分子，还是古山村村委委员、妇联主任。

潘俊在村民的议论声与质疑声中开始走街串户。

虽然个头瘦小，还有些腼腆，甚至青涩，但她脸上始终洋溢着热情的笑容。起初，村民不了解她，觉得她太年轻，对村里情况不了解，也没有社会经验。前不久，村里有个组要选组长，她接到一位村民的电话，说他想当组长，要她投票时"支持一下"。她耐心讲解，说选举组长要按流程来，照规定办，私下拉票是不行的。但对方不理解，说她胆小怕事，没有魄力。

村上搞两癌（乳腺癌和宫颈癌）筛查，有些妇女害怕，不愿接受检查，有的妇女很自信，说自己不可能患癌症。潘俊就动之以情，晓之以理，跟"奶奶""阿姨""姐姐"们"攀关系"、拉家常，一个一个做思想工作，动员她们参加筛查。

渐渐地，潘俊得到了村民的信任和认可。进行养老认证时，村里老人不会用智能手机，她就挨家挨户上门帮忙。看到潘俊热情又快速地给他们办好了认证，老人们很高兴，也很感激。眼前这个小姑娘，越看越觉得就像自家孙女一样亲切。

村镇领导总是给她鼓劲加油：不要有心理负担，做好自己，只要是为老百姓着想的事儿，就可以大胆去做。有困难不要怕，但一定要有信心，村上和镇上以及其他党员，都是你坚强的后盾！潘俊听了，信心更足了。

与潘俊的腼腆不同，白箬铺镇光明村的夏赛男则性格直爽，活泼开朗。

夏赛男大学时就入了党，大学毕业后在长沙城里工作过两年，也曾想去北上广深一线城市工作。但2014年春天父亲的一个电话，改变了她的人生轨迹。

"赛男，回来跟我搞农业。"父亲说。

"回家搞农业？"夏赛男以为听错了。

虽然夏赛男出生于农村，虽然父亲五年前也从城市回到农村，与他的兄弟们一道成立了农业合作社，但她还是无法理解父亲的想法。

父亲笑着说："不要认为只有城市才是年轻人的舞台，农村也是你们干事创业的好地方。"

受父亲影响，她回到光明村流转了320亩土地，并在当年就种上了丝瓜、苦瓜、菜薹等，建设起蔬菜种植基地。六年过去了，她经历了酸甜苦辣，但更多的是丰收的喜悦。

虽然她是男孩子性格，但她心思细腻，爱琢磨事儿。她觉得，乡村振兴，首先是人才振兴；单打独斗已不能适应新时代的变化，合作共赢才能实现利益最大化。

如何振兴？如何合作？

2020年12月25日，在镇党委和政府的大力支持下，夏赛男与其他13位在乡村创业的年轻人一道，成立了"白箬之光"乡村创客服务中心。以沙龙为主要形式，利用晚上时间，他们聊创业的经验和体会，也聊各自的想法和点子；立足白箬铺镇，也面向全区、全市，甚至全省，只要有志于到乡村创业的，他们都会互相鼓劲和赋能。

在这里，他们不仅找到了伙伴，学习了经验，更有了和同龄人交流的机会，拓宽了干事创业的思路。

在这里，他们只要每个人发一点点光，"白箬之光"便可汇聚成耀眼的光芒。

在白箬铺镇，在望城区，夏赛男们只是缩影。据说，无论是镇上，还是区里，组织部门都在组织青年干部特训营，为村镇干部作储备。

四

"为什么把城里好好的工作给辞了？"叔叔质问姚鹏飞。

"我要回家照顾父母和奶奶！"姚鹏飞回答得很干脆。

"回家上哪儿挣钱？没有钱，怎么照顾你父母和你奶奶？"叔叔问。

"可以种田。"姚鹏飞说。

这是2013年12月底望城区茶亭镇静慎村珠琳塘组的一幕，也是姚鹏飞艰难的选择时刻。

1990年出生的姚鹏飞，父母都是残疾人，直到40岁才生下哥哥和他。穷人的孩子早当家，姚鹏飞从小就懂事能干。从学校毕业后，虽然在长沙城里干得风生水起，但残疾的父母、年迈的奶奶，成了他最大的牵挂。

"姚叔，我想回村里种田。"他找到村支部书记姚罗华。

"年纪轻轻，为什么想着回家种田呢？"姚罗华有些吃惊。

"父母和奶奶年纪大了，特别是父母，跟人交流越来越困难了，必须有人在身边照顾。"姚鹏飞说。

"你有这样的想法，我很欣慰，可种田是个辛苦活，你要做好吃苦的准备。"姚罗华点着头说，"有什么困难没有？"

"有。"姚鹏飞也不客气，"一是我不懂种田技术，希望得到技术指导；二是缺乏资金，村上能否承担点机械租赁费？"

2014年，在村里支持下，姚鹏飞种田40余亩；2015年，扩大到170多亩，并购置了一台收割机；2016年，扩大到400亩，建了烘干机场地，添置了一台烘干机。

干事业哪有一帆风顺的呢？

2017年夏天，洪水来临，在河堤上奋力抗洪的姚鹏飞强忍泪水，眼看着自己几百亩水稻田被淹没。半个多月后，洪水退了，但水稻也全没了。

"鹏飞，不要着急，遇到天灾，谁都没办法。"姚罗华安慰他说，"你继续种田，村里会尽全力支持你。"

2017年的姚鹏飞，虽然亏损，但收获了温暖和感动。来年春天，万物复苏，他眼里的一切又变得生机盎然。

正是在2017年，姚鹏飞郑重地向村党组织提交了入党申请书。一年后，他正式加入中国共产党。

现在，姚鹏飞不仅成立了农业发展有限公司，流转土地1400多亩，购置了拖拉机、插秧机、收割机等大型现代农业装备，开展农业机械化作业，还注册了生态米品牌，实行产供销一条龙服务。每年生产加工粮食1200多吨，给20多名农民群众提供了在家门口就业的机会。

在茶亭镇，像姚鹏飞这样返乡创业的青年越来越多，各种微型企业也如雨后春笋般纷纷创立起来。

……

在望城，有忘我的奋斗，有蓬勃的希望，更有年轻人绽放的青春！

《人民日报》2021年11月17日第20版

大山深处，他们时刻准备着

牛庆国

一

第一次听到巩芳这个名字时，我以为是一位英姿飒爽的女消防队员，一见面才知是一位英俊帅气的男子汉。

10月初的一天，我来到甘肃省陇南市武都区一条僻静小巷，江南消防救援站就在这里。巩芳从训练场上跑了过来。

今年28岁的巩芳，出生在陇南文县的大山中。母亲怀他的时候很想生个女儿，但却是个儿子，就给他取了个女孩的名字。他参军后在部队考上了大学，毕业后到消防部队工作，现在是江南消防救援站党支部书记。

消防救援工作很忙。那么，他们到底有多忙呢?

人们常说"养兵千日，用兵一时"，而对巩芳和他的战友们来说则是"养兵千日，用兵千日"。

这里地处秦巴山系接合部，森林遍布、地势险峻、山大沟深、气象条件多变，消防救援任务异常繁重。江南消防救援站的38名指战员，几乎是清一色的90后，其中有23名党员。他们工作强度很大，连睡觉都常常是半睡半醒，警铃一响，必须在45秒的时间内穿好战斗服登车出库。有时，刚出完警回来，正要吃上两口饭，就又接到警情出发了。他们一年要出警300多次，多的时候一天就有一二十次。

节假日更是他们高度警惕的时候。比如春节时，指战员们都是穿着战斗服看春晚，随时准备出警。去年除夕之夜，他们同一个地点就出了4次警，都是燃放烟花爆竹引发的险情。

在巩芳的办公室里，我见到了曾在舟曲泥石流灾害救援中分别立下二等功、三等功的消防员张想福、杜彦武。握手的时候，我感觉到了他们手上的茧子。那是他们在日复一日的训练、救援中磨出来的。

我从巩芳办公桌上拿起一份"灭火救援出动命令单"，看到上面有警情编号、出动单号等。"报警时间：2021年9月22日15时4分15秒；命令下达时间：2021年9月22日15时8分42秒；灾害类型：社会救助——摘除马蜂窝。"

他们连这样的事都管？是的，在火情、地震、洪涝灾害等之外，帮群众抓蛇、开锁、开电梯，包括摘除马蜂窝之类的事，只要是群众的困难，只要接到报警，他们都管。还有照顾驻地困难老人，也被他们当作分内的事。

巩芳的肩上至今还能看到被马蜂蜇过留下的疤痕。这样的伤很多战友身上都有，但这对他们来说根本不算什么。

有困难，找消防。这已成为当地群众的习惯。

哪里有困难，他们就出现在哪里。这是巩芳和战友们的自豪和骄傲。

见到杨玺时，他刚接到调令，从江南消防救援站站长的岗位调往另一个单位工作。回想起与战友们并肩战斗的日子，这位90后消防员心中充满了留恋。

2017年8月8日，四川九寨沟发生7.0级地震。杨玺和战友们闻令而动，星夜驰援，以最快速度到达现场，沿途救援、疏散游客800多人。

当得知有部分游客被困九道拐、需要紧急救援时，队里的共产党员们立即挺身而出，成立"党员突击队"，火速奔向九道拐。他们中间，有刚入队的20岁出头的年轻党员，他们在群众最需要的时候站了出来；有参加过多次重大救援、经验丰富的党员骨干，他们始终冲在队伍最前面；也有家里的独生子和上有老下有小的家庭"顶梁柱"，但他们一个个都奋不顾身，心中只有一个信念，那就是用最快的速度、最短的时间把险境中的群众救出来……

救援现场余震不断、滚石飞落，遍地都是震落的巨石、震断的树木、东倒西歪的荆棘灌木。突然，两个拳头大的石块砸在杨玺身上。他顾不上自己的伤痛和危险，卸下安全头盔戴在被困者头上。他和突击队员们手脚并用，硬是靠着攀爬，6次往返重灾区，成功将9名被困人员安全营救。

当杨玺艰苦奋战在抗震救灾第一线的时候，他的妻子即将生产。那一刻，妻子多么渴望他能守护在身边。可是，当有更多的人需要他的时候，他还是选择了坚守岗位。

2018年7月，杨玺未满周岁的孩子生病住院，妻子不幸遭遇车祸。当杨玺准备请假去照料妻儿时，陇南却发生了暴洪灾情。两难时刻，他将妻儿托付给父母，毅然投入抗洪救灾之中。

马街镇五凤山发生塌方，两名群众受伤被困山顶。杨玺立即率领大家冒着暴雨徒步登山。道路阻断难以前行，就开辟上山小路迂回前进。湿滑的小路一边是万丈悬崖，一边是不断的落石。他利用绳索在杂木间搭建救生通道，将被困者一一从塌方屋内救出。

洛塘镇八房村山洪暴涨，多名群众被困，山体持续塌方。杨玺和队友们利用抛投器、救援绳等搭建水上救援通道。但山洪湍急，水上救援通道屡次被冲断。杨玺迅速制定"两主绳、双保护、一牵引"的救援方案，按照先妇孺老弱后青壮年的顺序，将被困者成功救出。

那时，他躺在医院里的妻子忍受着伤痛，却日夜惦记着他的安全。

当然，不光是杨玺的妻子，每一位消防救援队员的妻子都在为丈夫的工作默默付出着。

采访中，我见到了另一位消防救援队员的妻子。当我问她是否感到辛苦时，这位文文静静的女同志平淡地说，她刚生完第一个孩子正坐月子时，舟曲发生了泥石流，丈夫参加了救援，一去就是一个月；生第二个孩子时，丈夫早上打来电话说要出警，晚上回来时孩子已经生了。怎么会不辛苦呢？但是丈夫是为了去救助更多的人，他的付出是有意义的，我辛苦一点，也得支持他。

正说着，她的两个孩子跑来她身边。她搂着孩子们告诉我，这两个孩子的安全意识都很强，出门会主动去关电源、关煤气，过马路也很遵守交通规则，这都是受他们爸爸的影响。口气中带着自豪。

三

在消防救援站，身为党员，就意味着面对危险冲锋在前的时候多，吃苦受累甚至受伤的机会多，但自豪感也多。

2019年5月10日，白龙江盘旋路大桥段，一名妇女坠落江中。当王怀涛等10名队员赶到事故现场时，落水妇女正困于离岸边约20米的江水中，双手紧紧抓着堤坝铁丝，一声声喊着"救我"。江水湍急，眼看落水妇女就要支撑不住，王怀涛毫不犹豫，一头扎进江水中。他凭借着过硬的身体素质和顽强的意志，奋力游到那位妇女身边，一把抓住了她的手腕。他一次次被江水吞没，但又一次次从江水中钻了出来，终于将这位妇女救了上来。

上岸后，王怀涛才发现自己的大腿被江水中的铁丝划了一道深深的口子。

疼吗？这时候才感到疼。

冷吗？上岸后才感到冷。

但群众获救了，付出多少辛苦都是值得的！

王怀涛的一位战友说：其实在救援的时候根本想不到辛苦，只要能把受困的群众从灾难中救出来，就感到很光荣。

采访副站长王鹏时，他说他只是这个集体中的一员。他说得最多的是战友们的故事。

比如，一名刚生产的产妇和襁褓中的婴儿被洪水困在家中。现场救援时，党员叶光耀怀里抱着刚刚出生的婴儿，一直弯着腰用自己的胸膛为婴儿遮风挡雨，直到产妇和婴儿被成功转移。

比如，在一次救援中，身上背着一位老人的党员张神洲，忽然被水下的绳索绊了一个趔趄，使他猛地双膝跪地，但他的双手依旧牢牢地托着老人。他的膝盖很快肿了起来，但他一声不吭，坚持把老人背到了安全地带。

比如，2020年8月的一个晚上，武都区东江镇王沟村一位70多岁的老人，被山体滑坡的落石砸伤头部。指战员们携带多功能担架，冒着不断滚落的山石，徒步赶往现场。如漆的夜色中，他们战斗服上的"中国消防救援"6个字，在手电筒的照射下不时闪现。他们往返20多公里，终于将受伤群众安全送往医院救治。

……

2019年11月28日，平洛高速公路上，一辆满载的汽油罐车罐体着火。如果发生爆炸，后果不堪设想。指战员们赶到现场时，火势已是极其猛烈，爆炸随时可能发生。每个人心里都清楚，这将是一场生死攸关的救援和处置。危难关头，又一个"党员突击队"立即组成，毅然决然冲进炽热的危险区。

一个小时，两个小时，大火终于被扑灭了。

那一个个突击在前的身影，见证着共产党员敢打硬仗、敢于牺牲的本色。

2021年"七一"前夕，江南消防救援站党支部荣获"全国先进基层党组织"称号。

当我结束采访时，五彩斑斓的秋色正把武都的崇山峻岭装扮得美不胜收。江南消防救援站的训练场上，身着"火焰蓝"的指战员们正在生龙活虎地训练。为了守护好人民群众的安宁，他们时刻准备着……

《人民日报》2021年12月6日第19版

时光里的传承

————— 朝　颜 —————

一

遂川多山。

从县城一路向西,朝罗霄山脉的深处走去,沿途是连绵的丘陵、苍翠的林木、潺潺的溪流,还有缭绕的云雾。

这里群山环绕、土壤肥沃、雨露充足,平均海拔高度在300到800米之间,成就了得天独厚的茶树生长环境。茶叶,如今已成为江西省吉安市遂川县的重要产业。

置身于茶叶主产区汤湖镇,层层叠叠的梯田茶山将我包围。一座遥望形似狗脑袋的山岭,数次被当地人指给我看。200多年来,这座山成为一种茶的起源标记,并为之赋名。"狗牯脑",我用南方方言反复念诵出这三个字音,如此素朴,如此亲切。

茶人梁华平伸出了他的右手,掌心厚实,镌刻着和年龄极不相称的粗糙纹路。我只轻轻一握,便感知到了其间的力道。作为遂川狗牯脑茶制作技艺的传人,这位80后年轻人,已经有20多年的手工炒茶经验了。

二

一切还得从祖上梁为镒说起。

18世纪末，青年梁为镒还是一位放排工。一次突如其来的洪水，将他的木排悉数冲散。他幸得保住性命，辗转流落到南京，被种茶世家杨氏收留。不久，梁为镒与杨氏女子结为夫妻。他们带着茶种和制茶技艺回到家乡，在狗牯脑山上开垦茶园。

当年的种茶人梁为镒没想到的是，狗牯脑茶有一天会扬名世界——1915年，狗牯脑茶被当地茶商收购，送展巴拿马万国博览会，一举荣获金质奖章。以茶叶谋求生计的梁家人由此意识到手艺的价值。他们立下祖训，在家族内将手艺世代承袭，绝不外传。

手艺传到梁华平的爷爷梁奇桂这一代时，已是改天换地的新中国了。1964年，遂川县狗牯脑茶厂成立，由梁家人负责管理。为了扩大生产，梁奇桂勇敢地做了破除祖训的第一人。他开办培训班，带徒传艺，培养出几千名制茶工匠。

从汤湖镇街上，到山上的祖屋和老茶园，需要从山下步行一个多小时穿过茶间小径，登百余级石阶，方可抵达。这一路，都有漫山遍野若有若无的茶香相伴。童年的梁华平，便是嗅着这茶香长大的。春天，是紧锣密鼓的制茶季，爷爷、父亲都在灶台边忙碌着，梁华平则饶有兴趣地观察、学习。他看着爷爷手把手地教父亲炒茶，那些动作，那些姿势，那些念念有词的口诀，那些对鲜叶的满意或挑剔，早已谙熟在心。

制茶技艺的传承，首先从认茶和采茶开始。单芽、一芽一叶、一芽二叶……从单手采到双手采，由慢到快，由少而多。烧火也是基本功，火势要均匀，热力要稳定。柴最好是密度大的硬柴，这样恒温持续的时间方能长久，便于炒茶人掌握火候。火势温暾，容易红梗；火势太旺，又容易焦边。

12岁，关于制茶的所有流程，梁华平已尽数通晓。无论采摘、摊青、杀青、揉捻，他都要动手试上一试。最难的，是炒茶。起初，父亲只让他炒粗茶练手，就是那种不太值钱的大叶子茶。大铁锅温度高，手法不熟练，烫伤是常有的事，起个大水泡，痛得龇牙咧嘴。他不服输，忍痛接着炒。

除去在部队服役的两年时间，梁华平几乎从未离开过茶。乡村里许多年轻人都往大城市跑，但梁华平从未想过要离开家乡，从事其他行当——接过茶园和制茶技艺，是他心中不可推卸的责任。

2008年，遂川狗牯脑茶的制作工艺成为省级非物质文化遗产。身为代表性传承人的父亲梁光福年岁渐高，梁华平责无旁贷地接过了技艺传承的重任。

于是，每到新茶开采的季节，梁华平都要心无旁骛地沿着这条蜿蜒的山路，前往茶园。

三

春风吹开满山的芽头，封存了一冬的寂静很快被茶人踏破了。

农历二月二十九，是茶园开采的日子。新采的芽头摊开在簸箕里，铁锅烧得热热的，这里将要举行一场家族"斗茶"比赛。无论父子、兄弟或叔侄，无不拿出看家本领，炒一锅清香四溢的头茶。然后，由亲朋好友细细品评，推选出当年的家族"茶王"。

这一天，还是外地茶商纷至沓来的日子。他们观望、揉捏、闻嗅、品咂、鉴别，以商人或资深品茶人的精明与苛刻，留下订单，或者当场买下新鲜制作好的干茶。

从这一天开始，整个春天，梁华平就在这茶山上生根了。

灶膛里的火光熊熊燃烧的时候，穿着蓝布中式衣衫的梁华平，手捧簸箕，气定神闲地立于锅灶前。随着"哧"的一声响，茶叶倒入锅中，他用双手熟练地翻炒起来，感知着温度和茶叶的每一丝微妙变化。一阵沁人肺腑的茶香在空气中弥散开来，叶芽像一片片绿色的飞羽起起落落。

这是一年中最忙也是最累的日子，每天的休息时间不足 3 小时。要抢天气，要在最短的时间里生产出品质最好的茶。他的神经绷得紧紧的，将日常事务抛到九霄云外，只把所有的注意力都用在茶上。

从 22 岁那一年起，他的双手就再没有因为炒茶起过泡了。熟能生巧，秘诀无非一个"勤"字。念书的时候，梁华平读到《卖油翁》的故事，无师自通地领悟了故事与炒茶的关系。炒坏了茶，炒伤了手，都不灰心。他知道终有一天，自己会像爷爷和父亲那样，成为一名技艺高超的炒茶师。

他喜欢琢磨，怎样的手法才能使茶叶更完美，更透亮。比如火候的掌握、杀青的手法、炒茶的姿势、揉搓的力度，无不暗含奥秘和玄机。在"形如钩、香如栗、味甘醇"的传统标准之上，什么时候该用什么手法，从来都没有一个固定的范式。一切，只能依靠手口相传，在实践中揣摩总结。

最重要的，是心静。制成一锅茶的完整过程里，不能有丝毫的分心和马虎。真正的好茶是最忌浮躁的。爷爷在世时，每年春上都要到茶山来督阵。爷爷常说："做茶就是做人，心地善良的人，做出来的茶是圆润的。"听着，学着，做着，那些从前不大好领悟的东西，慢慢就浸入了梁华平的生命里。

随着机械化的发展，愿意耐下性子手工炒茶的师傅越来越少了。但是梁华平知道，这一门老行当，他丢不得，他的子孙后代也丢不得。

五六分钟的杀青之后，茶叶起锅。揉捻，是制作狗牯脑茶叶的重要工序。茶的香醇，就在这一圈一圈的揉搓中，通过汁液的渗透，均匀分布到每一枚茶叶上。

归置好茶叶，一双仍冒着热气的手摊开在眼前，黑中透红，仿佛每一道纹路都饱蘸茶的芬芳。

四

站在狗牯脑茶山上极目四望，莽莽青山，蜿蜒着高高低低的绿色茶畦。山腰上的每一道条带，都是人工一锄头一锄头挖出来的。在茶园的山顶和山脚下，还刻意保留了原生态的林木，只为让狗牯脑茶有更好的生态环境。一片湖水被群山环抱，平静安宁，如一块蓝幽幽的宝石镶嵌其间。

而在我们目力所不能及的远处，整个遂川，茶叶产业已蔚为壮观。全县茶叶种植面积28万余亩，年产量9000多吨，产值20多亿元。

狗牯脑茶也为遂川人打开了生活的条条大道。经营茶园、加工茶叶、经销代理、开设茶馆、表演茶道……如今，全县有近10万人从事着和茶相关的行当，为自己和家人挣得殷实的生活。

2014年，遂川县汤湖梁记传承茶叶专业合作社成立。再后来，非遗扶贫就业工坊也成立了。周边的许多贫困户都迎来了人生新的机遇。采茶、锄草、修剪、施肥……茶园管理需要很多工人，而贫困户在就业时总是享有优先权，结款时亦如此。每一个前来务工的贫困人员，合作社都包接包送，实在无法接送的，则补足往返车费。梁华平想着，要让他们零负担挣钱。

合作社还结对了两户贫困户，老梁是其中之一。老梁家有3亩山场，但是不善经营管理，年收入才3000元左右。梁华平手把手地教老梁种茶技术和管理方法，终于使茶园产量逐年升了上来。请不到采茶工，合作社帮忙请；茶青做得不够好，合作社帮忙做；产出的茶叶找不到销路，合作社帮忙销售。获得的利润，则一分不少地交到老梁手中。一年下来，老梁家增收2万多元，顺利脱贫。后来，他又将茶园扩大到10亩，日子越过越美。

在一张2020年春节拍下的照片里，老梁站在合作社门口，提着梁华平为他送上的米和油，笑得憨实又畅快。老梁是个实在人，不会说漂亮话，不过一提起梁华平，他总是难掩感激之情："自从加入了合作社，我的生活真是发生了翻天覆地的变化。"

如今，曾经产量稀少、贵为贡品的狗牯脑茶，也飞入了寻常百姓家。在汤湖，只要你愿意，信步走进一家茶馆，或一户茶农家，不用花太多钱，就能安逸地喝上一盏清香扑鼻的狗牯脑茶。

人在草木间，便是一个"茶"字。无论世事如何变迁，一座山，一片茶园，几百年光阴中的相守、传承和精进，最后留下的，该是让人唇齿留香的东西。我啜饮着杯中的茶汤，在升腾的热气中，感受着那份在时光中传承不息的茶香。

《人民日报》2022年1月10日第20版

在大兴安岭，写下无悔青春

纪红建

　　"我越来越喜欢大兴安岭了。特别是这里的冬天，原始森林与皑皑白雪完美融合，高大挺拔的白桦树和笔直的落叶松直指苍穹，勾画出大兴安岭独特的景致。如果我是一位作家或是一名画家该有多好啊，那样就能描绘出这里的美丽风景……"

　　傍晚的阳光，透过玻璃窗照射进来，洒在大兴安岭森林消防支队莫尔道嘎大队奇乾中队战斗三班班长陈振林微笑的脸庞上。

　　陈振林个头儿不高，来自广西玉林。仅从外表来看，很难将陈振林与茫茫大兴安岭联系起来。但跟随着这缕阳光，当我们走进他的内心世界，会发现他跟这片森林有着不解的缘分。

抵抗寒冷

　　2014年12月28日，陈振林和战友们一起从呼和浩特下车，三天后来到莫尔道嘎大队。在大队稍做调整，就往奇乾出发了。他不知道奇乾有多远，但他看到，一路上全是雪，树上也挂着雪花。

　　他对大兴安岭是陌生的，对奇乾更是一无所知。奇乾是内蒙古自治区额尔古纳市的下辖乡，地处额尔古纳河畔、大兴安岭北部原始森林腹地。隶属于大兴安岭森林消防支队莫尔道嘎大队的奇乾中队，不仅身处祖国北部边疆最前沿，还守护着我国95万公顷唯一集中连片的未开发原始林区。

"看，好深的雪呀！"

最开始，还有战友觉得新鲜，看着车外的雪景兴奋得不行。

林子越走越深，天气越来越冷，大家也变得越来越安静。"一路上全是雪，你们睡觉吧，睡醒了就到中队了。"班长对他们说。

虽然到达中队时，中队战友敲锣打鼓迎接他们的到来，但陈振林却感到兴奋不起来。来中队的当天晚上，他就失眠了。不是怕苦怕累，在新兵连的时候，他的军事素质算突出的，思想也算稳定的，他就是怕冷。在呼和浩特的三个月新兵生活中，他已经感受到北方的寒冷了。因为空气干燥，他经常流鼻血。记得刚到新兵连的一天晚上，他一觉醒来，觉得鼻子里不对劲，用手一摸，湿乎乎的，打开灯一看，手上全是血。在老家从来没有出现过这种情况，当时他就蒙了。班长过来一看，安慰他说："不要怕，是空气干燥导致的流鼻血，一般不会有大问题。"后来，班长不断跟他们科普一些知识，说晚上睡觉的时候在屋子里洒点水，可以有效缓解干燥，还说在北方待久了，适应了这里的气候，就不会再流鼻血了。

那天晚上，陈振林满脑子都是老家广西玉林，那里有望不到边的竹林、望不到边的苍翠。玉林年平均气温21摄氏度，四季如春，蓝天白云，碧水绿树，鸟语花香，生机盎然。大兴安岭与玉林，是完全不同的两种风景。在老家的时候，他当然无法想象大兴安岭冬天的样子。

"后悔吗？"班长问他。

"不后悔。"陈振林摇着头。

"这就对了。"班长微笑着说，"不用想太多，就想着如何吃好、锻炼好，让自己更加扛冻，不再怕冷了就行。"

"嗯！"陈振林点着头。

虽然陈振林怕冷，手上也长冻疮，但他没有被眼前这点困难吓倒，他琢磨着如何才能尽快融入这片林子，决不能让这里的气候把自己打垮了。

在老家，数九寒冬，顶多穿件薄羽绒服。但大兴安岭的冬天实在是太冷了，双手暴露在空气中一会儿，就感到指尖发麻；在路上走一会儿，双脚就冻得没有感觉了。衣服要穿四五件，里面是保暖内衣，然后是小马甲，再外面是件棉衣，最外面是件厚厚的作训服。如果出房间，还要裹一件绿色军大衣，还要戴棉手套、棉帽子，穿防寒棉鞋。

冬天主要是体能、队列和擒敌拳三个课目的训练。训练前，特别是体能训练前，要脱掉作训服和棉衣。刚开始在室外跑步时，总感觉呼吸跟不上，提不上气，速度也上不来。看着陈振林在后面跑，班长和老兵就陪他跑。跑着跑着，他慢慢就适应了，不再感觉到寒冷了。

挑战孤独

对于陈振林来说，在大兴安岭的第一个冬天真的挺煎熬的。除了寒冷的气候，就是这里的孤独与寂寞。

"白天兵看兵，晚上数星星。"陈振林如此描述这里的生活。

这里空气清新，夜空明朗，有时候还能看到流星。晚上还有熊瞎子（狗熊），听说以前还有狼。见得最多的是狍子。狍子外观上和鹿有些相似，冬天毛色为灰白色至浅棕色，夏天的毛色为红赭色，耳朵黑色，腹毛白色。狍子看起来很呆萌，跑起来一蹦一跳的。

太阳能发电会受天气的影响，如果太阳能没电了，只能靠发电机供电。但发电机主要保障做饭和给锅炉抽水，而不是照明，这时他们会用上手电筒。冬天最怕锅炉出问题，锅炉坏了，或者锅炉没水了，都有可能导致水管被冻住。于是推煤成为他们的一项重要工作。有时一推就是一下午。如果小推车坏了，他们就用简易工具提煤。

好在冬天的雪能给陈振林带来快乐和希望，化解孤独与寂寞。小时候是多么渴望下雪啊，在雪地里打雪仗、堆雪人。可是他的老家属典型的亚热带季风气候，很少下雪。来到奇乾，他感到最欣慰的，是可以长时间与雪为伍。在雪地里跑步、打雪仗、堆雪人。无论走到哪里，都是林海苍茫、雪岭冰峰、严寒雾凇，茫茫雪景让人目不暇接。

他觉得最奇妙的还是雾凇。在林子里行走，就像走进了一个奇幻世界，周围的一切都似乎不真实了。树木几乎全都看不出原先的面貌、品种，尽是一片雪白。凑到近处仔细看，树枝上挂着的白色是一片片雪花聚集在一起，厚厚的白雪压着整棵大树。

大兴安岭的雪格外厚实。积雪牢牢地扎根在这里，整个林子被重新雕刻成另一番模样。无论夏天这里有多少种色彩，只要到了冬天，就变成了清一色的白色，远远看过去，晶亮一片。直到第二年3月底，林子里的冰雪才开始融化。到了6月，林子又被染绿了。8月底，重新开始变得金黄。

从冬天到夏天，再从夏天到冬天，陈振林感受了大兴安岭的美丽，也被夏天的太阳晒得黝黑。如此循环往复，他慢慢适应了大兴安岭的气候，也适应了这里的宁静。

他们经常爬阿巴河对岸的那座山，一直跑到"忠诚"碑石边上。那座山是中队训练的模拟火场。跑步回来的路上，他们会在阿巴河大桥上放声大喊，这时候山谷会回荡他们青春的声音。慢慢地，陈振林发现，虽然自己的皮肤晒黑了，但他不再怕冷了，也不再流鼻血了。

2016年9月，他当兵两年了，家人都觉得他会退伍，因为大兴安岭实在太远太冷了，还给他找了一份工作，就等着他回家。但是，陈振林选择了留队。

"你不是怕冷吗？"妈妈说。

"我已经适应了，我喜欢这里冬天的雪，喜欢这里的宁静。"陈振林说。

2017年，他被派去新兵教导队训练新兵。回到中队后，他当上了班长。

特别是随着消防队伍改制的深入与完善，他深刻感受到中队越建越好，训练越来越科学，设备越来越先进，社会对消防员的认可度越来越高，他更加笃定了自己的选择。

走向火场

"我是一名消防员，对大兴安岭的热爱不能只放在心里面，必须落实在行动上，用手中的风力灭火机来体现。"陈振林说。

2015年4月底5月初，陈振林参加了人生第一次打火。

赶往火场，常常要徒步行军。中队里北方人居多，个头儿都高。陈振林体格小，背着沉重的背囊，穿林子，爬山坡，非常艰难。走着走着，他有点喘不过气来，走不动了。

"行军都会有劳累的时候，但只要坚持，就是胜利。"当时的中队指导员王永刚鼓励他说。

指导员拉起他往前走，遇到山坡的时候，就在后面推他。他坚持走了一段路程，还是扛不住。指导员二话不说，一把从他背上抢过背囊，放在了自己背上。

背囊一卸，陈振林顿时感觉轻松了，但跟着队伍走了一段山路后，他再次感到体力跟不上。指导员叫他原地休息，并陪着他休息。看到自己掉队了，陈振林急得想哭。

"不要怕，我陪着你。"指导员说。

"我不是怕，是觉得对不起中队，我给中队丢脸了，拖后腿了。"陈振林说。

"你是新同志，锻炼一段时间后，会没问题的，要相信自己。"指导员说。

其实指导员也挺累，已是满头大汗、气喘吁吁了。看到指导员累得不行，陈振林就去抢他背上的背囊。

指导员有点生气："你干什么！"

陈振林说："不能再让您背了。"

指导员用命令的口气说："服从安排，抓紧赶路！"

到达火线后，陈振林跟着班长，拿"二号工具"清理火场。看到班长沉稳、熟练地打着火，他既感动又佩服。

"这次打火回到中队后，我心里就有了一种危机感。这时我才知道，热爱大兴安岭，不是一句简单而空洞的口号，必须要有真本领才行。"陈振林说。

于是，针对自己的不足，他加强锻炼，包括体能训练和组合训练。白天跟着中队一起训练，晚上熄灯之后，就自己一个人练，不练到晚上十一二点钟不罢休。一开始，他只能做20几个俯卧撑，因为坚持锻炼，半年后他一口气能做100多个。不光体能素质上来了，专业素质也上来了。后来，他还参加了大兴安岭森林消防支队组织的大比武。

当班长后，他明显感觉到当班长与当普通消防员的不同。当班长更要善于总结打火的经验，要善于传帮带。特别是要立好规矩，分好任务，各司其职。支队每个季节都要对他们的打火进行考核，也就是一个模拟火场的考核，有中队打火战斗，也有班组打火战斗。他是班长，也是风机手，打火时要冲在前面。跟在他后面的，是二号工具手和组合工具手，主要协助他的工作。他吹火头的时候，二号工具手要对火进行扑打。通俗地说，就是一个吹一个打，他们要反复对火线进行吹打。但每个火场情况不同，如果水资源允许，就拿水枪灭火，不过这在原始森林里一般难以实现。其他队员，有的跟在他们后面清理火场、灭烟点、挖隔离带，有的清理站杆倒木，还有的背背囊、背宿营装备、背给养，进行后勤保障。

印象最深的是2019年6月秀山林场的那场打火。那天上午10点左右，他们接到命令后，立即乘坐客车前往火场。200公里的路程，客车开了8个多小时。晚上6点钟左右到达火场，但火场还不是火线。从火场到火线，都是原始森林，没有路，机动车无法通行，只能徒步行军。整理好装备后，他们便徒步奔向火线。

从火场到火线大约10公里，他们走了整整5个小时。当时走的是草塘沟，路上一高一低，一深一浅。走的时候，磕磕碰碰，有时一脚踩到沟里，有时一脚踢到石头上。有时看着前面好像是一个小山包，于是毫不犹豫地走了上去，但走过去时，却一脚踩空了，重重地摔了下来，连同身上背着的五六十斤物品。其实那不是小山包，是落叶堆起的一个小包，下面是空的。最怕的是灌木丛，长得非常茂密，他们背着器材行走，经常会被它们卡住，于是不得不侧着身子走。夜间行军，最危险的还是走又高又陡的山坡，那不只是有受伤的危险，还有坠崖的危险。所以夜间行军，他们走得很艰难，也走得比较慢。

到达火线时，已经是深夜11点钟了。火非常大，烧红了天空。看着这场景，陈振林感觉到了危险。很快，由他们6名班长组成的攻坚组就冲到了火线前，打起火来。其他队员负责清理火场和后勤保障。当时还是用的老式灭火机，因为火大，温度高，又背着机器打火，机器被烤得烫手。他们虽然戴着手套，但手套早已是高温，只得不断往手套里灌水，进行降温。6个班长并不是同时打火，而是3个班长在前面打火，3个班长在后面给打火的班长降温，并轮流换岗进行扑打。

那一次，陈振林他们遇到一个特别粗大的站杆，烧得快要倒了。这时他们需要预判，站杆会往哪边倒，会不会给扑火人员带来危险。就在这时，他们的对讲机响了，对讲机里传来急促的声音："有危险，站杆很可能倒向你们，赶紧撤离火线，先回安全区域。"结果，站杆确实朝他们这个方向砸了下来。原来，每当打火时，不仅有打火员、指挥员，还有观察员。当观察员预判到危险时，会通过对讲机把信息传递给一线的打火人员。

他们就这样打了三天两夜，当火线"扣头"、火势被成功控制住的时候，他们兴奋地欢呼起来。彻底清理完火场后，人便轻松多了，每个班也终于有时间做饭了……

"我就这样喜欢上了大兴安岭，说不清到底什么原因，也爱得简单而纯朴。"陈振林告诉我说，"如今早已习惯了这里的生活，平常会打打篮球，拉拉器械，跑跑步。天天如此，年年如此，周而复始。这就是我在大兴安岭当消防员的真实生活。"

但陈振林只是众多消防员的一个缩影，只是浩瀚大兴安岭中的一个小小音符。当我在数千公里的林子里来回穿梭，切切实实地用脚步丈量过、用双手触摸过、张开双臂拥抱过这片辽阔的苍苍莽莽的森林之后，当我结束10多天的采访，与奇乾、与大兴安岭渐行渐远时，我感到了自己的渺小与无知，也感到了陈振林他们坚守的价值与分量。

一代又一代消防员，在这片寒冷而美丽的土地上默默付出、辛勤耕耘。他们的选择，他们的生活，他们的训练，他们的打火，都是那么充满理想而又贴近现实。他们热爱自然，贴近自然，守护自然，与动物，与植物，与夏天，与冬天，与这里的一切和谐共生，他们用青春和行动书写着对自然的热爱，更表达着对祖国的忠诚。

《人民日报》2022年2月23日第20版

工匠之路

…… 许　锋 ……

一

　　仍是混凝土。仍是砌一堵墙。几个年轻人已不知道在这栋3200平方米的建筑物中，度过了多少个日子。他们夙兴夜寐，披星戴月。混凝土，已然成了他们的"爱"。

　　说到混凝土，我们每天面对的一面又一面墙，里面便"装着"混凝土。混凝土早已和现代人的生活不可分割。

　　但是，一般人似乎对混凝土并不"感冒"，尤其是年轻人。在成为静态之前它是灰色的流体，沾在衣服上不好洗，味道也不好闻。工作服、安全帽和它是"标配"，写字楼、电脑与它"绝缘"。它属于施工现场，那里工程车来往穿梭，脚手架高耸入云，到处是坑坑洼洼，泥水遍地。

　　可这几个年轻人却喜欢。

　　此刻，他们正在集训。陈君辉是指导者，林怡峰、谢健强是训练者。训练地点位于广州城建职业学院现代建筑职业技能公共实训中心。这里有3层楼，上上下下328个施工节点，与实际工地一模一样。若想知道"房子是怎么盖成的",这里就有答案。

我去的时候是去年8月,岭南正是燠热之时,动一动便是一身汗。几个年轻人穿的工作服,前胸与后背已被汗水洇得变了色儿。他们正对照图纸,量、锯、夹、装……由于专注,对我的到来浑然不觉。

旁边,是他们训练的成果。

这是我第一次近距离端详和触摸尚未成型的混凝土建筑:主体是墙,又像一个缩小版的门楼,有檐,檐上有木纹;有拱梁,曲线流畅;有柱,柱间"挖"槽,横贯上下。

我戴着安全帽,弯腰进去,又弯腰出来;绕了一圈,又绕了一圈。我在想:这样一个"建筑",一般工匠应该都能做。只是,若要在几天之内完成呢?再将时间压缩,以小时计呢?并且是在"众目睽睽"之下,评委掐着表,而且在异域他乡。这些20岁出头的年轻人,是怎样顶住各种压力完成的?

二

陈君辉成功地完成过。那时他还是广州城建技工学校的学生。他和同学李俊鸿一起在4天累计22小时的比赛中,用商品混凝土砌筑出高标准、高精度、高颜值的建筑作品,向世界展示了中国商品混凝土建筑的水平。

让我们重温那一次比赛场景——

现场，电子扫描仪、切割机、电钻、高频振捣棒等158种工具、配件和19吨商品混凝土为他们而备，22块木模板、40根木材以及部分轻型钢框模板供他们使用。他们要在72.25平方米的场地上砌两面墙，墙高2.4米，厚0.25米，宽则不规则，允许误差为1毫米。大概相当于建一间"精致"的房子，门、窗位置预留。

比赛开始1小时后，意外发生：陈君辉在锯木材时，食指不小心被锯齿划破，顿时鲜血渗出。他有点慌，马上举手示意。在赛场医疗点，伤口经包扎止血。陈君辉活动了一下手指，不影响继续比赛。他迅速调整好心态，深吸一口气，再次投入比赛。他和搭档李俊鸿要争分夺秒夺回因此而损失的35分钟。

读图、放线、切割、钻孔、安装，各工序有条不紊地进行。浇筑时，约10吨商品混凝土要在20分钟内分4次完成。不可快也不能慢。注入后会不断产生气泡，要经过多次高频振捣让气泡"吐"出。接下来去除模具。趁着混凝土还"软"，细细抹平，让表面不留痕迹……

倒计时开始……时间到。两人的作品呈现于世人面前。

这是2019年8月，第45届世界技能大赛现场。

比赛结果揭晓。中国选手陈君辉、李俊鸿夺得混凝土建筑项目金牌！在颁奖典礼上，两人挥舞着手臂，泪水不可抑制地流淌。他们知道，那一刻，他们代表着中国，代表着中国千千万万技术工人获得了无比的荣耀。

世界技能大赛被誉为"世界技能奥林匹克"，是全球工匠最高水平的竞技平台。陈君辉、李俊鸿没有想到，自己会走上"世赛"的舞台。

陈君辉生于1998年，成长于广东韶关南雄一个镇上。曾经，面对高考的失利，他也垂头丧气过，但心底并未放弃自己。陈君辉从小就喜欢建筑。在互联网里遨游，让他寻觅到建筑之力、建筑之美、建筑之奇。初中时他去过深圳，看到高楼大厦鳞次栉比，他很好奇：楼为什么能建那么高？

2016年9月，陈君辉被广州城建技工学校录取，就读建筑施工专业。到广州后，他第一时间去了市区。仰望着高高矗立的广州塔，他再次好奇：这塔为什么能屹立不倒？

在校期间的学习，使他眼界渐开。他知道了那些桥梁为什么能承载疾驰的车辆，那些现代建筑由谁设计、由谁施工，那些亭台楼阁何以历经风雨依然完好……

无独有偶。李俊鸿少年时代的故事与陈君辉如出一辙。他们从不同地方汇合到这片校园里。在这里，他们听到了内心深处与建筑所产生的共鸣，他们积极参加校内举办的多项专业技能比赛……

可是要想进入"世赛"，必须一路过关斩将。陈君辉和李俊鸿成功了。在最后一个月的冲刺训练阶段，他们又进行了5轮模拟"世赛"训练。在38摄氏度高温下，他们搬运了近20吨模板和工具材料。然而对他们来说，吃苦流汗不算什么，因为他们内心始终牢记，能够代表祖国出战"世赛"并取得优异成绩，是对学校和老师最好的回报，更是为国争光。

而两人的师弟林怡峰、谢健强则留有遗憾。拿到广东选拔赛第二名的他们，未能进入国家集训队。但他们立下了更远大的目标——"必须走到最后"。

<h1 style="text-align:center">三</h1>

我还在墙前流连。这面墙，林怡峰和谢健强于17个小时内一次成型。陈君辉要求很严格，不允许"雕刻"；凹凸之处，不能补，不能磨。

"是怎么做到的？"我问。他们笑而不语。年轻的他们，似乎还有些羞涩。

林怡峰告诉我一个"秘密"，首先在"型"。一次成型，必要先制模具。要制模具，必要先懂图纸。图纸有平面图和立体图，看图者要心中有"沟壑"。浇筑也非常关键。之后，是高频振捣。

究竟何为高频振捣？林怡峰取过高频振捣棒，形似粗大的铁棒，通上电，一按开关，仿佛有千军万马蹄声急促。林怡峰握得极稳，手臂如箍了一层铁皮，额头的汗珠随之大颗滑落。这让我想到，"世赛"时，陈君辉或李俊鸿以双手稳稳握住高频振捣棒的情形。

如今，依靠新型模板加固体系，一次性完成墙、柱、梁、顶板等混凝土结构的施工，已成一种潮流。可见，比赛与社会、时代紧密相连。

训练，是为了再次出征——2022年10月在上海举办的第46届世界技能大赛，是两个年轻人奋斗的目标。

混凝土建筑项目体量很大，训练过程异常艰苦。要求参赛者在规定时间内完成多个工序，用到的工具近200种，作品误差不能超过1毫米。为了避免失误，在训练中他们必须不断总结，保持清醒头脑和创新精神。"瓶颈其实也是一种刺激，问题解决之后就会很有成就感。"林怡峰说。

事实上，林怡峰和谢健强的实力早已不容小觑。在2020年12月举办的第一届全国职业技能大赛上，来自广州城建职业学院的林怡峰和广州城建技工学校的谢健强"搭档"，荣获混凝土建筑项目金牌。

过程殊为不易。他们要在规定时间里完成5个模块的比赛。目标还是砌一堵墙，时间为16个小时。比赛要求零误差，差1毫米就要扣分。最后，他们凭借高超的技艺、高度的默契和稳定的心态，出色地完成比赛。

"育才造士，为国之本。"这些年轻人所在的学校，为他们提供了广阔的平台。广州城建职业学院与广州城建技工学校同在一个校园，都属广东城建职业教育集团。这些年轻人在读技校的同时，通过学习都拿到了广州城建职业学院成人大专文凭。林怡峰从广州城建技工学校毕业后"破格"入职广州城建职业学院，拿到"国赛"金牌后又被"破格"聘任副高级专业技术职务，此时他才21岁；陈君辉留在广州城建技工学校任职，也享受副教授待遇；李俊鸿考入一所本科院校继续读书；谢健强参加"国赛"时还是学生，去年毕业后入职母校担任实习指导老师。

20岁出头的"工匠副教授",不多;技校毕业留校任教,不多。一次次"破格",也成为这些年轻人不断实现弯道超车的动力。2021年7月,他们四人又被人力资源和社会保障部授予"全国技术能手"荣誉称号。

"究竟是什么精神在支撑着你们?"还是在那面墙前,我问几位年轻人。

"工匠精神!"他们异口同声地说。他们说,一身水,一身泥,但精益求精,坚持到最后,就是好工匠。

这些年轻人,正在工匠之路上矢志不渝地前行着……

《人民日报》2022年3月19日第8版

油田上的坚守

孙作兰

班车缓缓地从克拉玛依市区驶向陆梁油田作业区。坐在车上的樊译阳望着窗外。阳光下是连绵不绝的戈壁滩，零星长着红柳、梭梭柴等植物，每隔数百米就有一台抽油机。

2020年，樊译阳从中国石油大学（北京）克拉玛依校区毕业，来到新疆油田公司工作，成为一名采油工。

天色微亮，樊译阳坐着班车去处理站。伴随着机器运转产生的高温和柱塞泵的轰鸣声，一天的工作开始了。

"小樊，知道关闭柱塞泵第一步是啥吗？"师傅问。"先打开溢流阀！"樊译阳响亮地回答。他带着报话机，站在阀门侧面，心里默念着口诀……不一会儿，就满头大汗。

随后，他们来到污水过滤器间，污水需要被过滤器正反洗25分钟。樊译阳一边休息，一边听师傅讲处理站的故事。一代代石油人忍受着严寒酷暑，坚守在戈壁，他们的故事深深打动着年轻的樊译阳。

"李师傅，这个污水加药泵的频率需要调一下！"报话机里传来声音。"小樊，去隔壁操作间看着频率！"师傅说。樊译阳知道，师傅又要拿出自己的看家本领了！他有些激动。

几番操作，频率准确无误。师傅是老党员，技术更是没话说。"小樊，是党员不？"师傅问。樊译阳点点头。刚上大学他就递交了入党申请书，2019年成为了一名正式党员。

"好！小樊同志，我这个老党员就带你这个年轻党员干出一番天地！"师傅很高兴。

巡检结束，樊译阳原封不动地把阀门关上。他拿来润滑油对阀门进行保养。师傅看在眼里，打心里喜欢这个有干劲的年轻人。

魏潇抒找出那条连衣裙，然后又放下了。实习后，她基本上没怎么穿过裙子。在这茫茫戈壁上，也许她会和站上的姐姐们一样，一套红色工作服一穿就是一辈子。

这个来自东北的姑娘，现在是新疆油田公司风城油田作业区的一名技术员。去年，她就已在这里实习。

实习期间，每次跟着师傅去巡井，魏潇抒都会带一个笔记本，上面记录着所有井的井号、压力、温度等内容，以及自己琢磨不明白的问题。一有机会，她就向师傅请教。

刚开始，师傅看魏潇抒白白净净，又是女孩，怕是干不了脏活儿。后来发现不然。检查发现有油污，她总是第一个冲上去，干完活还要比个爱心，说："保护环境，小魏有责！"师傅检查盘根的松紧，魏潇抒会麻利地递过去管钳。遇到需要取样的井，不用师傅说，器皿早就备好。师傅说，这孩子，干活肯动脑子。

基层站实习让魏潇抒体会到，实际工作和学校的差别非常大。在学校有老师督促学习，但是工作中全要靠自觉。刚到站上，她还没有完全适应这种转变，但是师傅要求她在三天之内学会操作流程，并且独立开始工作。对此，她心里既激动又忐忑。

尽管充满挑战，但魏潇抒觉得好像有一种力量在推着自己前进，潜能不断被激发出来，自己也越来越喜欢这份工作。

太阳刚刚落下。远处，克拉玛依石化厂区炼塔林立。泵房，接班的人已经开始工作。一个小伙子正在和师傅刘军小声商量着什么。小伙子名叫李帅，是一名炼油工。

装置巡检、开停泵、换润滑油……李帅对这些工作已经非常熟练。

"咱们要抓点紧，天马上黑了！"师傅说。

此时户外已是零下20多摄氏度，穿着厚厚的棉衣还有点冷。投用一根管线时，他们发现有管线不通。师傅叫来了技术员。大家开始查找冻凝管线的位置。

"塔上面最有可能冻凝，需要爬上去赶紧处理！"技术员说。

师傅立刻拿着对讲机、工具、手电攀爬到塔顶。30多米高的分馏塔上，李帅紧随其后。

风越来越大，每一步都小心翼翼。两人从塔顶开关阀门开始，逐段接蒸汽管线吹扫，费了很大力气，才将整个管线从上到下可能冻凝的位置用蒸汽吹化。可此时还有一段管线在半空中。

李帅将身体往外靠近管线位置。他小心翼翼地把蒸汽管线伸过去吹扫。气温太低，吹出的蒸汽很快化成水，然后结冰。吹了一段不通，换下一段管线，终于找到了冻凝的位置。长时间保持一个姿势，身体早已冻得僵硬，可管线通了，关闭蒸汽阀门的那一刻，李帅松了口气。

"能坚持吗？"师傅问。

李帅点点头。此刻，寒冷早已被他踩在脚下。

师傅又问，后不后悔留在这里工作？

李帅摇了摇头，笃定地说："不后悔！干一行爱一行，我还得加倍努力，争取早日成为您这样的熟练工！"

《人民日报》2022年3月19日第8版

守卫在喀喇昆仑深处

张 佳

叶尔羌河蜿蜒流过喀喇昆仑，在峡谷深处孕育出零星的村落，热斯喀木村便是其中之一。与帕米尔高原上那些村落一样，热斯喀木辽阔、孤寂。从塔什库尔干塔吉克自治县出发，还要往边境方向再走221里才能到达。8400平方公里的区域，仅有不到800名牧民。

2018年以前，这里的牧民随季节交替在牧场间迁移。边境通道上有一个"地窝子"，便是当年的热斯喀木警务室，但大多数时间都空着，因为所有警务人员都跟着牧民转。2018年底，崭新的热斯喀木村在叶尔羌河畔建成，牧民陆续在这里定居，于是成立了新的热斯喀木警务室。也是在这一年，警务室隶属的红其拉甫边境派出所从公安边防部队转隶国家移民管理局，戍边任务从现役时的"一阵子"变成"一辈子"，民警从"流水的兵"变成跟牧民一样的"常住户"。

一

2019年，23岁的民警阿吉初次进山。警车从萨雷阔勒岭与喀喇昆仑之间的山谷地带出发，辗转攀爬到海拔5000米的衣拉克素达坂。沿

125

途全是层层叠叠的雪山。160多公里的路程，走了5个多小时。

翻不完的山，走不完的路。

阿吉从小在新疆阿克苏南天山脚下长大，见惯了雪山戈壁。即便如此，热斯喀木的路他仍走得小心翼翼。那些路都悬在半山腰，一侧是万丈悬崖，一侧是陡立峭壁，走在上面，还要提防雪崩落石。

阿吉的战友张志昊与他同龄，原先在秦皇岛服役，公安边防部队改革转隶时，他志愿申请来新疆。在秦皇岛，大海一眼望不到边，但在这里，大山时刻悬在头顶，压得人心慌。张志昊首次进山经过衣拉克素达坂时，山顶突发雪崩，警车幸运脱险，但几名牧民乘坐的车辆却被雪崩掩埋。他和战友经过4个多小时的救援，才将被困车辆和牧民救出。

那天，抵达警务室时，天已昏黑，抬头望去，四周全是黑黢黢的大山，星星就挂在山顶。"山的那边是什么？"张志昊心中萌生好奇。但两年多过去了，他始终没看到"山的那边"是什么样子。

后来他才知道，"山的那一边，其实还是山"。这是一片单靠人力无法完全走完的广袤区域。昆仑山、喀喇昆仑山、萨雷阔勒岭等众多山脉在这里交会，在高原上形成无数个与世隔绝的区域。在热斯喀木警务室的辖区，仅海拔4000米以上的山峰就有十几座，其中包括世界第二高峰乔戈里峰。海拔超过3000米的山峰更是数不胜数。

2020年春节的时候，一场大雪封闭了进山的唯一通道，电力和网络信号也随之中断，热斯喀木成了"孤岛"。当时，警务室只有张志昊和几名协警。他们就着漫天繁星的微光，沿村中道路往来巡逻。归来后，裹紧大衣坐在大门前的国旗下，看着满天繁星和远处黢黑的群山，听着山风从耳旁呼啸而过，心里却很踏实。

春节过后，道路、电力和通信抢修后，张志昊迫不及待给家人拨通视频电话。看到"失联"多日的儿子平安无恙，视频那头的母亲未及开口就已泪如雨下。

大山的阻隔，有时甚至让最先进的通信装备都无法发挥作用。一次，位于喀喇昆仑深处的一处工地发生危险，民警们经过搜寻，终于找到受伤工人，没想到返回途中车辆被困冰河。当时已是半夜，卫星电话也失去了作用。温度骤降至零下，民警将仅有的御寒棉衣给了伤员。好不容易熬到天亮，阿吉派人徒步往山外找信号求救。终于在第三天清晨成功撤到山外。

日常的边境巡逻，同样充满艰辛。在一次历时五天五夜的边境踏查中，阿吉和张志昊带领护边员白天巡护边境，晚上就地宿营。半夜狼群来到帐篷附近游弋，他们紧急燃起篝火，才吓走狼群。为了运送给养，他们找到几头最擅长爬山的毛驴。没想到翻越海拔4900米的阿格勒达坂时，望着万丈深渊，毛驴吓得四肢发软，最后变成人推着毛驴往山上走。

二

每天吃过早饭，76岁的牧民买木尔汗都会来到警务室，跟民警姚宇晨一起去村里走访。一老一少走在村里，成为热斯喀木的一道风景。

24岁的姚宇晨来自浙江湖州，是家中的独生子。跟张志昊一样，他也是志愿申请来新疆戍边的。从东南沿海来到西部边陲，语言不通，风俗不同，如何快速融进牧民的生活，是他面临的首要难题。

姚宇晨的诀窍是"用心"。他向少数民族战友请教当地方言发音，然后写在民警手册上，反复练习。渐渐地，他跟牧民的交流变得越来越顺畅。

姚宇晨的口袋里常常揣着大白兔奶糖，走访时见到孩子，就抓一把送给他们。每次开车到牧区，看到路边赶着羊群的牧民，远远地他就减缓车速，慢慢通过，避免扬起尘土呛到他们，也避免惊吓到羊群。遇到行动不便的牧民，还会把他们直接送到家。

乡亲们看到姚宇晨如此用心，都把他当成自家孩子。就是在这个时候，买木尔汗开始主动陪姚宇晨走访，给他介绍当地风俗民情，姚宇晨则给他讲山外的故事，一来二去，两人成了"忘年交"。

按照塔吉克族风俗，每有民警来访，他们总要煮上一壶热腾腾的奶茶，而把奶茶喝完是对主人最大的尊重。张志昊和姚宇晨刚来时喝不惯奶茶，就硬着头皮喝，"平均每家都要喝两三碗"。

由于距离派出所较远，牧民不方便办理户籍业务，民警们走访时都会随身携带办理身份证、户口本的表格，填好后托人带到派出所，办理好后再带回来。每次休假回来，民警还会从喀什买来牧民最喜欢的砖茶、冰糖……

这一碗碗奶茶、一桩桩小事，让民警和当地牧民的感情越发深厚。牧民们自发加入守边护边队伍，一座毡房就是一个哨所，一个牧民就是一名哨兵，他们同心构筑起维护边境稳定的铜墙铁壁。

特殊的地理位置，让热斯喀木的许多牧民一生都不曾走出过大山。警务室成了连接大山内外的纽带，年轻人跟着民警学会了网络购物，老人们则通过网络看到更多山外的世界。

2021年初，民警用相机给村里的老人和孩子拍了照片，发到山外冲洗后再托人带回来。收到照片后，许多老人感动落泪，因为这是他们人生的第一张照片。

三

虽然戍边的生活很辛苦，但这些年轻的民警们都认为，"做了该做的事情，很有意义"。至于这里的艰辛，他们从不向家人提及。

张志昊曾在警务室里连续待了5个多月，从冬到春，下山时，热斯喀木村还是一片萧瑟。来到560公里外的喀什市，街头车水马龙、枝繁叶茂，他刻意来到游人众多的喀什古城，自拍了一张照片发给母亲，告诉她，这就是自己工作的地方。

每每讲述起这些经历，他们黝黑的脸庞上总是挂着真诚的笑容，仿佛所有记忆都是"甜蜜"的。即便说到某个伤心的故事，低落的情绪也隐藏在年轻的笑容中，一闪而过，几乎很难察觉。

在历练中，这些年轻人快速地成长。来到边境后，从小在家人呵护下长大的他们，首先学会的是自力更生。如今，张志昊擅长做新疆拉条子，阿吉最拿手的是做羊肉汤饭，姚宇晨做的大盘鸡堪称一绝。"先把自己照顾好，才能更好地工作"，他们这样说。

离开热斯喀木时，姚宇晨、阿吉和张志昊驾车送我下山。喀喇昆仑山中糟糕的路况，让每一个"外来者"都心惊胆战，而这三个年轻人，对此已经司空见惯。

车子穿过一段悬崖，前面出现一片开阔地带。姚宇晨刚踩下油门准备加速，车内响起"嘟嘟"的报警声。下车看时，右后轮胎正往外"刺刺"漏气。

"小事情，别担心。"姚宇晨一边说，一边打开后备厢，拿出千斤顶，爬到车底寻找底盘受力点。支稳、架杆、抬升，三两下就把汽车架离了地面。张志昊在一旁协助，卸螺丝、取备胎、换轮胎。两人的配合十分默契。

在这里，车子平均每月要扎三次胎。"都是小事情，放心，好解决！"姚宇晨笑着再次强调，神情和言语中有一份在同龄人里不易看到的成熟。

冷风掠过山谷，卷起沙粒打在人身上。姚宇晨眯着眼，半跪着拧螺丝，不时吐着被风吹进嘴里的沙子。

"搞定！"不一会儿，姚宇晨起身，拍拍双手，藏蓝色的警服上沾满了尘土。阿吉和张志昊上前帮他拍打衣服，他侧身站到下风口，不让尘土飘到战友身上。

车子继续向前驰骋，将一座又一座山峰甩在身后。看着层层叠叠的群山，我突然想到，在这喀喇昆仑的深处，不知有多少像阿吉、张志昊、姚宇晨一样的年轻人，在这片偏僻、苦寒的土地上，默默地发光发热，奉献着自己的青春……

《人民日报》2022年5月2日第8版

青春，在"火焰蓝"中淬炼

徐向林　孙仲玉

一

赵毅与蒋永伟在同一班子前，两个年轻人都已是江苏省盐城市消防救援支队小有名气的"尖刀队长"。

2016年6月23日下午2时许，盐城市阜宁县遭遇等级为EF4级、风力超过17级的龙卷风，大量民房、厂房倒塌，部分道路受阻。时任阜宁县消防中队中队长的蒋永伟带着队员一赶到现场，指挥部就下达一项紧急任务：受灾的某厂房内存有大量三甲基铝，必须尽快找到并销毁。

这是一场步步惊心、直面生死的硬仗！

三甲基铝是高度易燃化学品，受到碰撞或者受潮、受热，都会引发爆炸。眼前，1.2万平方米的轻钢结构厂房在龙卷风的袭击下已成一片废墟，轻钢龙骨被拧成"麻花"状，风一吹，凌乱的轻钢板"嘭嘭"作响，天空还不时飘着雨点……所有这些不利因素，随时会成为诱发三甲基铝爆炸的导火索。

破拆、掘进，掘进、破拆。蒋永伟带着队员小心翼翼地在废墟中摸索前行。这时，一名队员听到一阵轻微的异响，急忙提醒蒋永伟："队长，你听，什么声音？"

蒋永伟侧耳一听，声音是从前面一堵墙后传来的。他的心立马悬了起来，他担心是破拆时撬动了支撑的骨架，如引发屋面的二次塌方，后果不堪设想。

就在他担忧时，"吱呀"一声，他面前的钢板墙被轻巧地挪开了，墙后出现一个穿着隔热服的"大高个儿"。蒋永伟冲"大高个儿"喝道："谁让你们进来的？赶紧退回去！"

对方回道："情况紧急，指挥部命令我们协同作战。"

蒋永伟还要劝阻，"大高个儿"却蹿到他面前，把他往前一拉。就在这一瞬间，一根数百公斤重的钢架"砰"的一声砸到了蒋永伟刚刚所站的位置。

好险！这一拉，救了蒋永伟一命。这个"大高个儿"，正是赶来支援的时任建湖县消防中队中队长赵毅。

两支队伍会合一处，经过连续4个多小时的奋战，终于从一片废墟中找到了三甲基铝储罐。

接下来，该怎么办？指挥部拿出一套应急方案：对三甲基铝进行引流控烧。

所谓引流控烧，就是从三甲基铝储罐中引出一根导管，通过阀门来控制导出速度。每导出一小部分，就放进现场紧急搭建的防护堤放空燃烧，直到全部烧完。

引流控烧的难度，不亚于拆弹。指挥部布置任务时，赵毅与蒋永伟争上了。赵毅说："我熟悉化工知识，我第一个上，为队友们探路！"

蒋永伟说："我熟悉地形，我第一个上！"

考虑到三甲基铝储量较大，指挥部决定赵毅与蒋永伟各带一个"尖刀班"轮流上阵。

对于这次救援，赵毅留有一张同事在现场拍的照片。照片上，只有他和另一个队友的背影，他们面前的防护堤内，喷吐出近一人高的烈焰。

照片是静态的，远不足以呈现现场的惊心动魄！

当时，天气闷热，赵毅和队友穿的是密不透风的隔热服。他们从罐体内小心翼翼地导出三甲基铝，稳健地转移到防护堤，而后点燃，同时要精确控制燃烧速度。

烈焰前，高温炙烤，汗水浸透全身，而他们的操作一丝一毫也不能出错。如果稍有不慎，三甲基铝会将现场炸得片甲不存……

时间一分一秒地过去，现场救援者无不屏气凝神。"尖刀班"轮流奋战4个多小时，第二天凌晨，这一"重磅炸弹"终于被成功拆除。

二

2020年2月，赵毅调任盐城市消防救援支队西环路特勤站党支部书记兼政治指导员，与党支部副书记、站长蒋永伟在同一班子。

西环路特勤站的前身是消防特勤队，始建于1960年。这是一个有着光荣传统的英雄集体，几代消防人在这里奉献了青春和热血。那天一见面，蒋永伟就与赵毅交换情况：整个特勤站现有44名队员，平均年龄27岁。"我们共同努力，实现你的心愿！"蒋永伟拍着赵毅的肩头说。

说到心愿，赵毅微微一笑。原来，2018年11月9日，国家综合性消防救援队伍正式成立。这一天，他通过媒体得知：新中国成立以来，先后有636名消防救援人员在挽救人民群众生命财产安全的过程中壮烈牺牲。

看着这血与火染成的数字，时任响水县消防救援中队中队长的赵毅眉头紧锁，心情沉重，他很想做点什么。2019年元旦，他在微信朋友圈写下新年愿望："每年出警兄弟们都一个不少，平安归来！"

他的愿望写下后不久，当地一家化工厂发生重特大爆炸事故，赵毅以最快的速度集合队伍前往救援。上车后他下达了第一道命令：所有队员卸掉个人防护装备里一切跟金属有关的物件。多年积累的经验告诉赵毅，他们即将投入的战斗中，这些物件随时可能触发意想不到的危险。

赶到现场，两个苯罐、一个甲醛罐，将近4500立方米的物料同时燃烧，释放出巨大的热量；燃烧的危化品液体和五颜六色的气体四处蔓延；地上到处是瓦砾废墟和裸露的钢筋……

赵毅紧急下令："大家跟紧我，听指令行事！"

现场危机四伏，步步艰险。赵毅临危不乱、冲锋在前。他细细查看每一处着火点，哪些在稳定燃烧、哪些仍存安全隐患，他都逐一记住。在准确判断暂时不会发生二次爆炸的危险后，他果断下令："救人第一！"

紧接着，赵毅带领队员在距离火罐仅50米的地方，紧急营救遇险幸存者。就在赵毅营救出第五位幸存者时，一个年轻人踉踉跄跄跑到他跟前，焦急地说："那儿还有伤员，快救！"

顺着年轻人手指的方向，赵毅看到几百米开外的一处着火点由于处于下风位置，烈焰冲天、浓烟滚滚。赵毅正欲冲过去，两名队员挡在他前面，主动请战："队长，让我们去吧！"

赵毅喝道："服从命令，我去！"

说罢，将他们往旁边一推，自己冲进火海。快到救援地点时，赵毅突然感觉呼吸困难，他暗呼不妙，空气呼吸器的氧气不够了！正常情况下，空气呼吸器的氧气可用1个多小时，而自己在现场连续奔跑，加速了氧气的消耗，才十几分钟，氧气就已告急。而眼前的着火点面积较大，烟雾弥漫，冲进去搜索救人随时会遭遇不测。

紧急关头，赵毅没有丝毫犹豫，他一边小口吸气以节省氧气，一边大跨步前行以节省救援时间。着火点内高温炙烤，能见度极低，而且随时会有二次爆炸的危险，赵毅的心提到了嗓子眼。1分钟，2分钟，3分钟……时间一点点过去，赵毅的呼吸越来越困难，就在赵毅快支撑不下去时，突然被绊了一脚，低头一看，地上躺着一个人，赵毅赶紧背起他冲出了火海。到了安全地点，赵毅换上队友递来的空气呼吸器，又急忙问正欲转移出去的伤员："里面还有人吗？"

"还有一个……跟我在一起的。"伤员虚弱地说。

有名队员闻听此言后，转身就准备冲向火海救人，却被赵毅拉住道："里面我熟，还是我去。"

说着，赵毅再次返身火海，又救出一名伤员。在这次救援中，赵毅与队员共救出13名群众，并疏散50余名群众。

40分钟后，第一支增援队伍到达。面对陌生的环境和尚不清楚的事故原因，增援队一时无从下手。赵毅根据进入现场的最新印象，紧急绘制出宝贵的事故现场地图，一一标明相关险点，对增援队员进行安全指导，确保救援工作有序进行。

这次危急险重任务，所有队员都如他所愿，平安归来。

三

特勤站，是干什么的？带着这个疑问，初夏的一个上午，我们走进西环路特勤站探访。

"注意身后，注意协同。"特勤站训练场上，身着"火焰蓝"训练服的特勤队员们依次排开，听从赵毅的示范和指挥，他们甩水带、攀爬、操作器材……一遍遍重复练习着各项专业技能。

这样的训练场景每天都在上演。在和平年代，消防救援是最危险的职业之一。"平时多流汗，战时少流血。"这句话镌刻在每个消防救援队员心里。训练塔窗台上的齿痕、高空设施上的脚印、磨损报废的水带，见证着特勤队员们训练的刻苦。

"特勤是应急救援队伍里的尖刀。俗话说：没有金刚钻，莫揽瓷器活。特勤队员必须十八般武艺样样精通。"赵毅一边抹着汗一边告诉我们，在历次救援中，特勤队员们握过水枪、爬过高楼、提过煤气罐、捅过马蜂窝，灭火、抗洪、抢险、救灾，哪里有危险，哪里就有他们的身影。

他们无处不在，又好像无所不能。

95后崔慕入伍时，体重较重。成为特勤队员后，他下决心挑战自己的体能极限。中短跑、俯卧撑、单双杠、障碍板等一系列训练课目，让他一步步从"达标"练到了"优秀"。如今出现在我们面前的是一个肌肉结实、身体健壮的训练尖兵。

2019年，崔慕参加全国首届"火焰蓝"消防救援技能对抗比武。集训时，崔慕的膝盖意外受伤，他硬是在膝盖上打上绷带，咬着牙坚持集训，并且训练强度丝毫不减。当年11月，他在正式比武的百米障碍救助操项目中获得第四名。"那次要不是膝盖受了点伤，我肯定能进前三名。"在训练场，崔慕一边拉着单杠做引体向上，一边对我们说。

"这小伙子不说大话，他定下的目标几乎都实现了。"一旁的赵毅告诉我们。2020年，崔慕果然就在全国第二届"火焰蓝"消防救援技能对抗比武中，力夺百米障碍救助操第一名，并且夺得国际消防救援技术交流竞赛百米障碍救助操第二名。

四

2021年7月，河南暴雨。西环路特勤站接到上级命令，迅速行动，组建由蒋永伟带队的"最强战斗班组"，连夜驱车700公里，奔赴河南抗洪一线。

到达河南新乡抗洪现场，道路全部被淹，被淹村民家中的积水高达1.4米，1000多名村民被困在三村交界处的仅存高地。

"快看，救援队来了！"村民们喊起来。

水灾救援与火灾救援不同，火灾救援拼"快"，水灾救援拼"快"更拼耐心。根据现场情况，蒋永伟将队员兵分两路，一路用舟艇救人，一路用水泵抽水。

泵不停，船不停，人不停。他们连续奋战100多个小时，成功疏通了从新乡到卫辉的交通大动脉，为被困群众打开了一条生命通道。

搜救群众时，最大的舟艇只能坐6个人。群众坐满后，救援人员立即跳下舟艇，在水里推着舟艇走。到了轮班休息时，95后队员毛宏杰想起该给远在浙江的父母亲打个电话了。母亲心疼儿子，非要跟毛宏杰视频通话不可。通上视频后，看到黝黑消瘦的儿子，母亲舍不得了，又一次劝说毛宏杰回家工作。

毛宏杰的父亲在当地经营一家公司，一心盼望着毛宏杰能回来助自己一臂之力。这次，母亲又在电话里劝。毛宏杰说："妈，您别劝我了，我想在这儿扎根一辈子。"

"妈，快看。"毛宏杰将手机镜头一转，镜头中，出现了一艘救援舟艇，上面坐着七八个刚刚解救出来的群众。

舟艇驶过后，毛宏杰转回了镜头，他还没开口，母亲已在那端说："孩子，妈懂你了，你好好干，注意安全。"母亲挂了电话，毛宏杰安心地笑了。

同为95后的刘泽文前年随队到江苏淮安市的淮河流域沿河村备勤，当时正处于防汛关键阶段，队员们连续几天几夜坚守在堤坝上没合眼。为了赶走瞌睡，一帮年轻人聊起了各自的家乡。轮到刘泽文时，他有点不好意思地说："我的家就在沿河村。"

"这么巧？快带我们去你家瞧瞧。"有队友跟刘泽文调侃道。

刘泽文认真地说："那可不行，我们正值勤哩。"

第二天中午，领队的蒋永伟将饭菜带到备勤点。刘泽文吃着吃着突然停下了筷子。

"刘泽文，你怎么不吃了？"蒋永伟问。

"报告站长，这饭菜味儿让我想起了我爸妈。"刘泽文低着头说。

"这就对了。"蒋永伟放下筷子，向队友们身后招了招手，只见刘泽文的父母从远处走了过来。"泽文，爸妈看你来了。"一声呼喊，让刘泽文泪流满面。这顿饭菜，正是刘泽文的父母做好托蒋永伟带到堤坝上的……

那天上午，我们在西环路特勤站，听到了许多这样动人的故事，也让我们看到了当代年轻人的青春力量。

正是这一个个奋斗的年轻人，续写着西环路特勤站这个英雄集体的荣光：2020年5月，西环路特勤站被应急管理部荣记集体一等功；2021年6月，西环路特勤站被表彰为全国先进基层党组织；2022年5月，西环路特勤站团支部被共青团中央授予"全国五四红旗团支部"称号。

走进特勤站荣誉室，我们看到荣誉墙上的一个个名字和一组组数据：一等功臣赵毅，先后参与灭火救援4000余起，抢救遇险群众200余人，保护群众财产近亿元；全国青年岗位能手蒋永伟，15年时间出勤6000余次，解救受困群众200余名，抢救财产价值超2亿元；"训练尖兵"崔慕，先后荣立三等功5次……

《人民日报》2022年5月30日第20版

"天路"守护者

一

一个阳光明媚的下午，教室里正在开家长会。最后一排的一名家长，紧锁眉头，面前的纸一片空白……

会后，他追上班主任，露出憨厚的笑容说："老师，不好意思，我是小郑的爸爸，第一次参加家长会。我有个特殊情况，听力不太好。下次开家长会，能否让我坐到前面？"

"哦！原来您就是……"班主任才想起，小学4年的家长会，都没见过小郑的爸爸。班主任还知道，小郑的爸爸"老郑"是一名铁路警察，离家远、工作忙。

"老郑"大名郑天海，是个80后。他出生在宁夏回族自治区中卫市沙坡头区，毕业后来到青藏高原，成为一名铁路警察。

青藏铁路公安局格尔木公安处沱沱河站派出所，位于海拔4500多米的高原上，终年积雪，冰川广布。2010年，29岁的郑天海作别妻子孩子，来到沱沱河站派出所工作，从此日夜坚守在那里。

沱沱河站派出所，管辖青藏铁路沿线27个车站，负责582公里线路的安全。这段线路穿过广袤的可可西里，经过463公里的冻土层，越过海拔5072米的最高点，是名副其实的"天路"。郑天海和同事们的职责，就是守护"天路"的平安畅通。

刚来沱沱河站派出所时，郑天海和同事们住在临时活动板房里。所内没通自来水，日常饮水、蔬菜粮食、氧气瓶，都要从格尔木运来。值班一次要半个月，大家却不敢洗澡，生怕着凉感冒加重高原反应，影响工作。即便如此小心翼翼，郑天海仍不时觉得鼻子上像是捂了一块厚厚的湿毛巾，胸闷、头疼随之而来，夜里辗转反侧，难以入眠。

外出巡查，一出去就是一整天。郑天海学着老民警的样子，带上军用水壶和铝制饭盒。路上渴了饿了，就在路边找几块牛粪生个火，热一下结冰的水和冻硬的馍。栽宣传栏、扎帐篷时，冻土坚硬挖不开，也得先生火烤化冻土，再用钢钎开凿。挖一个不足1米深的坑，常常要花几个小时。

这里冰川广布，地势陡峻。天气恶劣时，民警们还要面对大风、暴雪和近零下40摄氏度的严寒，险情时有发生。郑天海曾在一次执行任务时出了事故，警车翻了，身上多处骨折。而郑天海的前任教导员魏树忠，在一次线路隐患排查途中不幸遭遇车祸，将年仅43岁的生命永远留在了青藏线。现在，只要民警经过魏树忠牺牲的山口，都会按下汽车喇叭，向托起"天路"平安的英雄致敬。

工作艰苦又危险，郑天海的妻子不免心疼丈夫："天海，实在不行就下来吧。"

"没事的，时间长了就适应了。"郑天海知道，这条"天路"，总得有人去守，再苦再累也要把它守护好。

而这一守，就是10年。

二

"老郑，快来帮帮忙啊！"电话另一头传来求助的声音。

那天，郑天海正在吃饭，突然接到牧民布琼打来的电话。原来是牧民在前往夏季草场的路上，皮卡车陷在水沟里出不来了。

郑天海立刻放下碗筷，带上3名民警前往救援。

正是暴雨滂沱。郑天海一边小心行驶，一边搜寻陷车位置。雨中能见度低，时间一分一秒过去，郑天海心里又是焦急，又不敢疏忽大意。

终于，隔着厚厚的雨帘，郑天海听到了皮卡车的喇叭声。他迅速下车，把老人和孩子护送到警车上，又把车上的帐篷家什一件件卸下。皮卡车陷得太深，大伙儿顶着冷雨，使出浑身的力气，终于将其拉了出来。看着牧民们开心的样子，瘫倒在冰冷草地上的郑天海，心里无比踏实。第二天，布琼专门来到派出所，将洁白的哈达搭在郑天海的脖子上。

一条条洁白的哈达记录着郑天海在高原踏巡的足迹：膝下无子的牧民老两口，郑天海自筹资金，按时送去米面；离集市太远的牧民，他定期送去生活用品；他把普法宣传落实到每一个人，访牧户，进学校……在牧民心里，郑天海专业精干、亲和力强，是位信得过的民警。在他的引导下，越来越多的牧民们自发当起"义务护路队员"。

郑天海在工作上花了多少心思？不妨看看他宿舍和办公室的陈设：办公室墙上挂的是22本辖区各类情况台账和4本工作笔记，桌子的玻璃板下压的全是辖区示意图、桥隧涵洞方位图、群防组织一览表等各种图表，宿舍床头堆满了业务书。他的办公桌旁常年挂着一条拖车带，车里常备铁锹、千斤顶、急救药品。10年来，救助过的事故车辆达上百辆，近400人因此脱困。

高原上的野生动物也和郑天海有了特殊的"缘分"。每年5月，数万只藏羚羊穿越青藏铁路、青藏公路，向可可西里腹地的卓乃湖附近迁徙。这期间，郑天海和同事们手持警示手牌，守在线路边，采取暂时交通管制、禁止鸣笛、巡护救助等措施，确保藏羚羊群能够顺利通过线路。

10年中，郑天海从警员成长为警长，从副所长晋升为所长。他用脚步丈量每一寸线路，用心检查每一个车站。郑天海每天巡查的平均里程达100公里，辖区内哪段线路问题较多、哪个区段需注意野生动物，他都了然于胸。沱沱河，已经成为郑天海的第二故乡。

三

沱沱河站派出所新建的所史室里，陈列着手电筒、热水袋、火钳子、炉钩子、民警手绘地图等物件。它们算不上文物，却记录着这座铁路派出所10多年来从无到有的历程。

郑天海曾经形影不离的工具箱也在这里陈放，里面有万用表、电烙铁、冲击钻、螺丝刀……郑天海知道高原上物资运输不易，东西能修则修。桌椅板凳嘎吱作响，他找来铁丝一圈圈缠紧。电暖器失灵，他修理安装好。同事们纷纷对郑天海竖起了大拇指。

郑天海不仅是派出所的"修理工"，还是个出色的"厨师"。

"祝你生日快乐，祝你生日快乐……"派出所的值班室里传来歌声，郑天海正带着民警们给新来的小尹过生日。这是小尹第一次在岗位上过生日，大家心照不宣地要给他一个惊喜。

"来，快把这碗面吃了！"郑天海递上一碗热腾腾的面条。每逢派出所里有民警过生日，他都会亲手准备一碗长寿面。

"这面的味道，和我妈做的一样！"小尹边吃边和同事们笑着说，眼角却已经湿润。

刚刚分配来的年轻民警，心中难免会有寂寞、思乡和不安。郑天海看在眼里，像大哥一样照顾他们，帮他们适应环境、调整身心。在派出所过年时，他还和大家一起包饺子，所里热闹得像是个大家庭。他常对新民警说："你们孤身在外，就把我当作你们的亲人。"正是郑天海的默默坚守和无私关爱，让许多年轻人面对艰苦的环境选择留下来。

郑天海全心全意扎根沱沱河，对自己的小家却充满愧疚——一离家就是半个多月，有时候遇到重要任务就不得不连续加班。妻子手术住院，也没有告诉郑天海，怕他担心。

妻子懂得，他同那里的山、那里的水、那里的人结下了不解之缘。那里，也有他的"家人"。

四

近年来，沱沱河站派出所的办公条件不断改善。一座座新办公房拔地而起，弥漫式供氧系统覆盖了工作生活区域。所里也迎来了更多的年轻民警。

95后民警谢荣是郑天海亲自"传帮带"的新人。在他的眼里，郑所长是一个"较真"的人。谢荣记得刚上班时，和郑天海一起外出执行任务。路上郑天海突然问他，对周围的情况了解多少？掌握哪些数据？谢荣一时答不上来。郑天海便从身上摸出一个本子，上面密密麻麻记录着周边的详细信息。这一刻，谢荣心悦诚服。

郑天海一直随身携带工作记录本。巡查线路、走乡串户，谁家有什么困难、有什么需求，他都写在本子上。一批又一批谢荣这样的青年民警，都从郑天海留下的资料里获益。有一次，民警小曹和小吕外出执行任务，警车出现故障无法启动，山里也没有信号，无法呼叫救援。两人按照郑天海总结的工作方法，带上食物饮水和防寒衣物爬到山上，往有灯光的方向走，不断翻越山坡，就这样一点点徒步返回所里。

受高原环境影响，郑天海的身体有多项指标出现异常，一只耳朵也患上了神经性耳聋，这令他不得不离开深爱的沱沱河。2020年4月，郑天海调至格尔木公安处技术侦查大队任大队长，后又调到乘警支队担任政委。

"离开沱沱河时，我的行李不多，有一箱全是哈达，都是当地群众送给我的。"虽然郑天海已经离开沱沱河，但当地群众的情谊依旧让他无法忘怀。他说："在人烟稀少的雪域高原，人民相信你，祖国信任你，这正是我从警的精神动力。"

沱沱河站派出所依然留在郑天海的心里，留在一代又一代守护青藏高原的年轻民警心中。

《人民日报》2022年6月13日第20版

冰上逐梦

—————— 张雅文 ——————

2022年2月5日，在北京冬奥会短道速滑混合团体接力比赛中，由曲春雨、范可新、张雨婷、武大靖、任子威组成的中国队夺冠。这是中国体育健儿在本届冬奥会上获得的首枚金牌。赛后，运动员范可新哽咽着说："我等了这块金牌太长时间了……"

对于范可新来说，这块金牌的背后，是20年的青春、20年的血汗、20年的拼搏，是多少期待、多少彷徨、多少坚持……

一

范可新，一个农村出来的苦孩子。

范可新的父亲是残疾人，从小患有小儿麻痹症。2000年，父母带着7岁的她和14岁的哥哥，从黑龙江勃利县农村，搬到七台河市落脚谋生。

到七台河后，一家人搬了十几次家，最后总算找到一处落脚之地——一间7平方米的半地下室铁皮房。

7平方米的小屋，既是范可新的父亲用来修自行车、母亲用来修鞋的铺面，又是一家四口吃饭、睡觉的地方。

铁皮房虽小，一家四口却很乐观。范可新的父母从不抱怨，靠着并不强健的身躯顽强地干活赚钱，让四口之家的日子过得踏踏实实。

但让范可新难过的是，她经常看到母亲的手上有伤，那是修鞋的锥子扎的或烫的。一次，她看见母亲的腿上还有血，一问才知道，是母亲用烧红的锥子上鞋底时，不小心扎到了腿。父亲那双整天跟自行车轮胎打交道的手，就像是树皮一样粗糙，手上结满了老茧，扎根刺上去都感觉不到痛。

尽管日子过得艰苦，父母却有着乐观的生活态度、不肯屈服的性格，这给范可新幼小的心灵带来了极深远的影响。后来，她在训练中遇到伤病与挫折，从不气馁，从不放弃，直到登上了冬奥会冠军的领奖台。

二

2002年，美国盐湖城冬奥会上，中国短道速滑运动员杨扬一举夺得两块金牌、一块银牌，不仅实现了中国运动员在冬奥会上金牌零的突破，而且在世界冰坛刮起了中国短道速滑的强劲旋风。

这股短道速滑的旋风，是从黑龙江省七台河市刮起的——

多年来，从七台河先后走出了多位世界冠军，走出了一批批优秀的滑冰运动员，七台河因此被人们称为"冠军的摇篮"。多年来，七台河举全市之力支持短道速滑的发展，七台河市体校成立了短道速滑初级班。不少孩子因此改变了命运，范可新就是其中之一。

盐湖城冬奥会举办时，范可新的家里没有电视机，她没有看到杨扬在冬奥会上夺冠的场面。她听到邻居谈论从七台河走出去的运动员夺得了奥运冠军，这才跑到邻居家去看电视重播。

当范可新看到杨扬在冬奥赛场上高举着五星红旗时，小小的她心里羡慕极了。她想，要是我也能当滑冰运动员该多好啊！我也要拿冠军……

小时候，范可新和哥哥曾在水库里滑过冰，但穿的不是真正的冰鞋，而是父亲给他们做的木头"冰鞋"——给两块木板安上两道铁丝，将木板用麻绳捆在脚上，当地人也叫它脚划子。好多孩子买不起冰鞋，就穿着这种自制的脚划子在冰道上跑。

后来，听一位邻居阿姨说，七台河体校正在招收滑冰队员，范可新立刻跑到体育场，找到正在招生的教练。她问人家的第一句话是："你们这儿招收滑冰队员要不要交钱？"

招生的马庆忠教练笑了，说不用交钱，但要看看你的身体素质，适不适合当滑冰运动员。

范可新长舒一口气。

之后，马教练对她的身体素质进行了简单测试，发现她的跑、跳都很出色，爆发力也很强。于是，范可新被顺利录取，成为七台河市体校短道速滑初级班的一名正式学员。马庆忠教练成为她的启蒙教练，还送给她一双旧冰鞋。

从此，9 岁的范可新怀着冠军梦，戴着破旧的棉手套，穿着教练送给她的旧冰鞋，踏上了短道速滑的追梦之路。这条路，一走就是 20 年。

范可新非常珍惜这来之不易的机会。她觉得自己太幸运了，因此训练时特别刻苦，总是给自己偷偷加量，每天都比别的孩子多滑几圈。这种偷偷加量的做法，一直持续到今天。她说："大家都站在同一起跑线上，你只能比别人更加刻苦、更加拼搏，才能拼出成绩来！"

不过，马教练送给她的冰鞋号码太大，她的脚底板很快就磨破甚至化脓。但她却咬牙坚持，一声不吭。母亲发现了她脚上的脓血，心疼她，劝她别练滑冰了。她却坚决不同意，小小年纪就表现出了超乎常人的毅力。

在不断的磨炼中，范可新的滑冰技术进步飞快，很快就在同期招收的小队员中崭露头角。

三

一年之后，范可新被七台河市教练孟庆余选中，成为他手下的一名短道速滑小队员。

孟庆余曾经培养出杨扬、王濛等多位短道速滑世界冠军，深受队员们的爱戴。

范可新在孟庆余教练手下练了 3 年。

这 3 年，给她打下了良好的冰上技术基础，增强了体能，更重要的是，让她坚定了追逐冠军梦的信心与勇气。

孟教练常教导这些小队员，要刻苦训练，要有远大抱负，将来拿世界冠军，为祖国争光！

榜样的力量是无穷的。从七台河走出去的多位世界名将，成了小队员们的榜样。为了追赶榜样，一批批小队员从这里走出去，成为短道速滑的新生力量。

范可新13岁那年，因成绩突出，被黑龙江省体育运动学校冰雪分校选中。

临去报到的前一天，孟庆余教练找她谈了一次话。

孟教练的话语不多，却给范可新留下了刻骨铭心的记忆。

"范可新，你在滑冰方面很有天赋，你要刻苦训练，将来拿世界冠军！"

"孟老师，你说我将来真能拿世界冠军吗？"

"只要你好好训练，肯定能拿世界冠军！"孟教练说得很肯定。

这番来自教练的鼓励，对一个心怀冠军梦的13岁小队员来说，真是又惊又喜。更令范可新惊喜的是，孟教练递给她一双新买的冰鞋。

"这双冰鞋的钱，我先给你垫着。等你拿了世界冠军，有钱了再还给我。"孟教练说。

范可新知道，这双冰鞋要花2500多元。她的旧冰鞋早该换了。可家里靠父母修车、修鞋维持生活，她实在不愿意因为要给自己买冰鞋再增加父母的负担。这3年来的伙食费，一直都是孟教练给代交的。

范可新还知道，孟教练家里并不富裕，他连一双新袜子都舍不得给自己买。但是，孟教练却为她花这么多钱买冰鞋。她捧着这双盼望已久的新冰鞋，眼泪差点掉下来。

末了，孟教练又说了一句："等你拿到世界冠军的那天，别忘了把金牌挂到老师的脖子上！"

"老师您放心，我要真拿到世界冠军，一定亲手把金牌挂到您的脖子上！"

"好！老师就等着你这一天！咱们一言为定！"

"好！一言为定！"

这是一位教练与一个小运动员之间的约定。

孟教练的这番鼓励，对13岁的范可新来说，不仅是刻骨铭心的记忆，更是她在今后漫长的追梦路上百折不回，直到冬奥夺冠的强大动力！

但让范可新最难过、最遗憾的是，当她真的夺得世界冠军时，孟教练却不在了。2006年，孟庆余教练因车祸不幸去世……

四

在范可新20年的追梦生涯中，经历了多次疾病、失败与挫折。

15岁那年，已进入黑龙江省队的范可新，多次获得全国青少年组冠军，国家青年队正准备要她。谁知，一场意想不到的疾病到来……

当时，范可新觉得浑身无力，头晕目眩，无法训练，只好回到七台河家里。

启蒙教练马庆忠得知范可新病了，带着她连夜赶到哈尔滨，跑了几家医院后，最后确诊：严重缺铁性贫血。

对运动员来说，这是重大病症，如果恢复不好，将永远告别体育生涯。

住院半个月后，医生让范可新回家食补增加营养。

马庆忠看到范可新家的条件很差，就把她领到自己家里住了很长时间，每天买牛肉、羊肉、鸡蛋，以最快的速度为她补充营养。很多人给予帮助，让范可新全家很感动。

父母看在眼里，疼在心里，不想让范可新再继续滑冰了。但范可新坚决不同意。身体稍稍好转，她就开始在家里训练。以往放假回家，她都给自己安排好训练计划，早晨起来跑步，白天训练时没有杠铃，就让不到百斤重的父亲骑在她脖子上，重量不够，又让父亲抱着50斤的大米，一蹲就是上百次。父亲看着女儿累得满头大汗，常常心疼得哽咽。这次也是一样，身体稍稍好转，范可新又开始训练了。

一个优秀的运动员，就是这样拼出来的。一年之后，范可新进入国家青年队。

又过一年，17岁的范可新被选入国家队。随后，在加拿大蒙特利尔举行的短道速滑世界杯上，她和周洋、刘秋宏、张会联手夺得了女子3000米接力的金牌。

在接下来的几年里，范可新的成绩走向了高峰，拼出了令人瞩目的辉煌——

她接连夺得五届短道速滑世锦赛女子500米冠军；与队友接连拿下五届短道速滑世锦赛女子3000米接力冠军；多次夺得世界杯分站赛500米冠军……2014年，在美国盐湖城世界杯比赛中，她打破了队友王濛创造的500米世界纪录，并获得了冠军。

这些辉煌的成绩足以让一个运动员感到欣慰与骄傲了。但是，范可新却怀着更远大的目标，她一心要以队友杨扬、王濛、周洋为榜样，想登上奥运冠军的领奖台，让国歌在奥运赛场上奏响……

可是，幸运之神并没有青睐她，打击接踵而至。

2014年索契冬奥会上，当时很有实力的范可新，在短道速滑女子1000米决赛中获得银牌，与金牌失之交臂；在短道速滑女子500米半决赛中意外摔倒，无缘决赛。2018年平昌冬奥会上，当时25岁的范可新作为实力强劲的领军人物，却在比赛中被判罚犯规，没有得到奖牌……

就在范可新最痛苦、最茫然的时候，教练、领导给了她很大鼓励。尤其是她的队友们，向她讲述自身的挫折经历，讲他们如何咬着牙重新站起来的艰难过程……

队友们的亲身经历、肺腑之言，使范可新渐渐走出了痛苦和茫然。她认识到运动员就是这样，要学会从一次次失败中爬起，顽强地站起来，再重新走向拼搏的战场……

范可新终于重新站了起来。她对父母说："我要为中国人，要为自己，再奋斗一次！"

又是4年无休止的拼搏。

2022年2月5日，北京冬奥会的赛场上。29岁的范可新与队友一举摘得北京冬奥会短道速滑混合团体接力的金牌，终于梦圆！

当范可新站到奥运冠军的领奖台上，脖子上挂着沉甸甸的金牌时，她不禁泪流满面……

《人民日报》2022年6月22日第20版

焊光闪烁，记录拼搏青春

宋明珠

晨曦微露，星星隐没。施工现场，最后一道焊口上的焊光熄灭，大庆油田工程建设公司的焊工王召军和他的徒弟王天明几乎同时摘下面罩，相视一笑。

"不错！焊接纹路规整。"王召军仔细检查焊道之后说，"天明，你记住，焊道就是咱们焊工的签名。签了名，就要为自己的工作负责。"

焊道，是指金属焊接形成的焊缝。"焊道就是签名"，这句掷地有声的话正是他们焊工的信条。

一

2002 年，高考失利的王召军坐在房间里，等着父亲责备自己。那天，一直等到晨光微亮，寂静中才响起脚步声。父亲推开门，默默坐到他的床边。

王召军不敢看父亲的眼睛。令他意外的是，父亲一改往日的严厉，轻轻拍着王召军的肩膀说："路，都是自己走的。从现在开始，你要牢牢记住：脚下的每一步都是未来。不管以后干啥，要有三不做：不做眼高手低的人，不做怨天尤人的人，不做满腹牢骚的人！"

父亲的话，王召军似懂非懂。他很想看清楚自己的未来到底是什么样的，可是眼前只有朦胧的晨光。

思前想后，王召军最终选择去技校学焊工。他铆足劲儿练习，每天弯着腰一头扎在工位上，同样的技术动作别人练一遍，自己就练十遍、百遍。尽管如此刻苦，第一次到工作现场，王召军还是被上了一课：现场的老师傅们为了施工进度，几乎都是风里来雨里去。在焊储油罐的时候，一个小小的气孔或者砂眼，都会成为安全隐患。这样的高强度和高标准，是他在学校里没见识过的。

王召军观察着师傅，在心里默默记下师傅的技术动作。一段时间下来，他觉得自己已经摸到了门道，就跟师傅提出想要自己上手试一试。师傅直接拒绝了他："现在施工的是注水管线，一旦出问题，项目要受大影响。"王召军觉得师傅太过谨慎，转头指着储油罐下的底座说："师傅，你要是信不过我，那让我先试一下这个底座吧。这个我肯定没问题。"师傅想了想，点头同意了。

王召军暗下决心：一定要把这个焊道焊好，让师傅承认自己！第二天凌晨4点，他顾不上洗脸，更来不及吃饭，早早到了现场，一干就是整整一天，终于在快下班的时候完成了焊接工作。王召军骄傲地摘下面罩，期盼得到师傅的赞许。一回头，却只看见师傅阴沉的脸。师傅没说话，接过他手里的焊枪，把焊道从头到尾返修了一遍。

"怎么，不服？"看着一脸委屈的王召军，师傅问。

"师傅，这个底座焊道有 30 米，我一天就焊完了……"王召军觉得自己的速度是没问题的。

师傅在他身边坐下说："你光想着速度快，不想质量问题。作为焊工，焊道就是签名。咱们每一道焊口都要经得起检验。你想想，在学校，焊接练习都是在工位上，焊件都给你摆好了，让你在最舒服的姿势下焊接，最多也就是弯着腰。在现场，你也看到了，咱们得趴着、跪着，适应焊件的角度。姿势不一样，你就拿不出培训时的水平。本事不够，可以再练。态度不认真，是大忌。"

这一番话，王召军深深地记在心里，从此更加刻苦，只要有机会就给自己加码练习。王召军始终坚信：把简单的动作重复百遍、千遍，才能成就精品。日复一日的苦练，让王召军的焊接误差远远低于国家标准规定的误差值，精细堪比工艺品。他的技艺不断精进，师傅赞许的笑容也一天比一天多。

二

王召军很满意自己的成绩，可是师傅总时不时地提醒他："只有完美的焊道，还不算是一个优秀的焊工。"

一年秋天，师傅告诉他，石油工程建设系统在广西桂林举办了全国青年焊工选拔赛。"比赛的前三名能晋升工人技师，你能进前三就行了。"

"师傅，我能拿第一。"王召军觉得师傅对自己期望太低。他看着自己完成的焊道，胸有成竹地说。

师傅摇摇头，告诫道："人外有人。不要自视太高。"

比赛结束，王召军只得了第四名，他郁闷地回到师傅身旁。师傅见徒弟有些泄气，安慰他说："比赛输了，对你来说也是好事儿。干好焊接，不是光凭着一股子猛劲儿就可以的。你还要不断接触新的工艺理论、学习特殊材料焊接技术，把理论应用到实践中。这次比赛输在哪儿，咱们就补哪儿。在哪儿跌倒，就从哪儿爬起来！"

师傅的话句句点在心坎上。从此一到休息时，王召军就抱着焊接理论书看。为了学到更专业的知识，他还报考了成人高考的焊接专业，拿到了本科学历。

三年后，王召军再一次接到全国比赛的通知。这一次的比赛地点还是广西桂林。想到上次桂林选拔赛的失利，王召军深深吸了一口气。但是，这几年的时间，自己从没有放弃过，一直在踏踏实实练技术，认认真真学理论。他想，这一次，一定要证明自己。

汗水终得回报。王召军在比赛中获得了冠军。同年，他荣获"全国五一劳动奖章"。当祝贺的掌声响起，王召军理解了师傅的话：每一道焊口就是人生的一步路。

一转眼，到了2011年春天。这一天，王召军还在工地上忙碌，项目经理叫住他，递过来一份文件。王召军看了一眼，上面赫然写着："嘉克杯"国际焊接技能大赛。

走上国际赛场，这件事王召军还没想过。但机会到来时，他一点都没犹豫。接下来的日子，王召军除了练，还是练，就连吃饭的时候都要拿着筷子当焊枪比画一下。他知道，只有高度的专注才能达到最好的状态。

比赛的日子越来越近，领导邀请在这边技术交流的外国专家为训练效果查漏补缺。外国专家仔细查看王召军的焊件，转头问翻译："这个是谁焊的？"

得知是眼前这位年轻人的时候，专家握住王召军的手，突然捏了捏他的胳膊。众人一时诧异，不明所以。专家则笑着问翻译："我想知道，这只胳膊里是不是装了机械？他的焊道像机器操作的一样规整！"

这一番话，让王召军对未来的比赛信心十足。可很快，比赛组委会就通知参赛选手，比赛内容有更改。之前训练积累的经验一下子作废，此时距离比赛只剩20天的时间。王召军内心忐忑地回到家。父亲听他说明了比赛的情况，对王召军说："缓解压力的唯一办法就是解决问题。只要你为自己真正拼搏过、努力过就行。不要害怕规则的变化，要努力为成功想办法。"

王召军又一头扎进训练场。

功夫不负有心人。2011年9月，当裁判宣布"嘉克杯"国际焊接技能大赛技师组钨极惰性气体保护焊单项第一名是王召军的时候，眼泪在王召军的眼眶里打转。

荣誉是对勤奋的嘉奖。载誉归来的王召军被寄予厚望，公司成立了以他名字命名的工作室，为青年焊工解决工作中出现的疑难问题。

三

2012 年的一天，王召军走进焊接培训教室。角落里一个专注的年轻人吸引了他的注意。他就是出生于 1993 年的焊工王天明。

刚拿起焊枪不久的王天明控制不好焊接温度，手法也不熟练，正在发愁。听到有人搭话，他头都没抬一下。

没想到，来人三言两语，就点破了王天明技术的症结所在。他一个激灵，猛地抬起头，认出眼前这个人正是同行们口中的"焊王"王召军。

"师傅！"王天明脱口而出。

这一声"师傅"，还真就让王召军收下了王天明这个徒弟。王召军很喜欢这个年轻人拼搏的劲头，一个动作一个动作地帮他纠正，一个焊件一个焊件地辅导他训练。白天，王天明跟着师傅认真学习，把师傅纠正过的焊件用手机拍照，晚上睡觉之前一遍一遍地看，反复琢磨哪里焊得不好。他把自己琢磨出来的问题都记在笔记本上，一有时间就向师傅请教。

这一天休息的时候，王召军看见王天明正在翻看一沓打印的资料。

"看什么呢？"王召军问道。

"师傅，那天你讲课的时候提到，摇把焊技术现在会的人还不多，我上网找资料了解了一下。我还想多接触一下特种材料焊接技术，以后能用得上。"看着眼前努力的徒弟，王召军像是看见了当年的自己。

"师傅，我听说……"王天明停顿了一下，欲言又止。

"你听说什么？"

"我听说你当初也是高考没有考好，然后……"

王召军笑了："你这个'也是'很说明问题呀。"

"你是怎么一步一步走进国际赛场的？我也想像你一样。"王天明鼓足勇气，说出了自己的想法。

"这个问题嘛……"王召军笑了笑，"人生是一次长跑。你看到的是成绩，但成绩的背后是对日常的敬畏之心，每一天都要把事情做好。焊口是焊点组成的，人生也是一样，你要认认真真走好每一步。"说着，王召军递过去一份文件，"想和我一样，就上赛场试一试。"

这份文件，正是2013年"嘉克杯"国际焊接技能大赛的通知。

这份通知一下子点燃了王天明的斗志。他一门心思扑在训练上，白天在工位上苦练技术，晚上回到宿舍补习外语。临近比赛，王天明提前到举办地德国进行适应性训练。他白天把训练中遇到的问题拍下来，晚上回到宿舍，通过网络和身在国内的师傅交流。由于时差，他们的交流总是从夜里12点开始，直到凌晨才结束。尽管备赛很辛苦，但有了师傅的指导，王天明底气十足。

终于，登上赛场的日子到了。王天明将与来自20多个国家的近百名顶尖焊工同台竞技。这次比赛和师傅之前参加的不同，采用全开放式赛场，现场允许所有人近距离参观、拍摄。这让王天明有点紧张。他稳住心绪，盯紧自己的焊道，高度的专注让他周围仿佛一下子变得寂静无声。

比赛结束，王天明觉得周围又恢复了嘈杂。突然，在嘈杂声中，王天明似乎听到了自己的名字，接着他看见周围的目光都投向了自己。当听到钨极氩弧焊第一名得主是自己的时候，他几乎要振臂呐喊！他握紧拳头，向空中挥了挥，他做到了！

青年焊工王天明，终于和师傅一样，代表中国，站在了国际赛场的领奖台上。

四

获奖之后，王天明最想做的，就是像师傅一样，把比赛经验应用到生产中去。

2014年3月，王天明参与的工程项目进入冲刺阶段，必须在12个小时之内完成38处焊接工作。否则随着气温下降，施工现场的情况会变得更复杂。同时，项目管线错综，地下不断返水，给操作带来额外的困难和危险。王天明带领"青年突击队"充分做好安全保障和前期检测后，拿着气焊枪、焊把轮流施焊。他充分运用参加大赛时总结的对称式焊法、摇把焊等技术，提前3个小时完成攻坚任务。

几年后，师徒二人又一次在工作中相遇了。王召军带领的"尖刀队"和王天明带领的"青年突击队"向着大兴安岭进发。他们的目标是重要原油管道工程——漠大二线。

这又是一次攻坚战。

项目的具体位置是大兴安岭新林段滚兔岭。这里的施工空间小，焊接难度大，是连续坡度最长的一段管道焊接任务，也是施工难度最大的区段。3月的大兴安岭，气温仍然在零下30多摄氏度。严寒让机械难以施展，容易拖慢施工进度。而工程要求必须在5月之前完成主体焊接，否则就会错过后续施工的最佳季节，影响投产。

这样的重点工程，技术参数要求极其严格。更重要的是，这里的管线需要采取下向焊的方式，这要求焊接速度必须快上加快。火车上，师徒二人一夜未眠，争分夺秒地研究在坡度地势下怎样改进焊接方法，压缩施工时间，提高焊接质量。

尽管提前了解过地形，到了现场师徒二人还是倒吸了一口凉气：施工难度远比想象中更高。山路蜿蜒，他们只能徒步勘察地形。

王召军其实不是第一次在这个地区参加项目施工。上一次他施工的位置是一处沼泽。虽然当时的严寒也造成了不少麻烦，但和眼下的情况相比，沼泽至少还算是平地。王天明站在师傅身边，看着汽车往山上一台一台拖设备，惊道："师傅，我看这山坡得有三四十度。"

"不止。"王召军指着不远处的山坡说："那边能有六七十度，而且山上全是碎石。这样的情况下，焊接速度和质量都容易出问题。看来咱们预想的还是简单了。明天再早点到现场。"

第二天，早上5点不到，师徒二人已经站在山坡上开启了设备。设备在零下三四十摄氏度的山坡上放了一夜，按钮按下去几乎没有任何反应，经过2个小时的预热，才一点点开始启动。

为了适应山体的坡度，师徒二人只能单膝撑地或者仰面斜躺，进行焊接作业。遇到角度更大的地方，还需要借助板凳、木墩支撑在身体下面。两个人始终保持焊接姿势一动不动，硬是在寒风中累出了满身大汗。尤其双手，一会儿就麻木了。他们搓搓手、跺跺脚，把稳焊枪，又投入紧张的工作中。师徒二人各自施展绝活，仅用10天时间，就完成了该区段2公里多的管道焊接任务。

当焊光熄灭，王召军和王天明共同在漠大二线上留下了他们的"签名"。

项目结束了，但师徒二人对技艺的追求还在继续。

师傅王召军继续大胆创新，发明了50多项革新成果，其中7项获得国家新型专利。徒弟王天明像师傅当年一样，不断精进，陆续获得了"全国青年岗位能手"等荣誉，又作为黑龙江省第十二届青年联合会副主席，策划了"龙江工匠"走近青年的活动，用自己的实际行动，把工匠精神传递给更多年轻人。

《人民日报》2022年7月16日第8版

因为爱岗，所以坚守

陈必文

一

"班长，我也想去培训，帮忙增加一个名额吧！"

"你现在都是副班长了，要学的是管理。还钻那么细吗？"

"管理也不能浮在面上啊。不搞明白细节，怎么指挥呢？"邱中华——国家电网四川超高压公司输电检修中心带电作业一班副班长，推了推鼻梁上的眼镜，很认真地说。

"但是这不是我们自己的培训。人家只给了两个名额。要增加名额，估计有点难。"班长有些为难。

"在高海拔地区做直升机吊人进出电场带电作业，是我们多年的梦想。我如果不先学到胸有成竹，现场指挥起来心里就没底。"邱中华的犟劲上来了，想了想，他说，"只要给我一个培训的机会就行，我自己掏培训费。"

1986年出生的邱中华，性格有点犟。

2010年大学毕业，他应聘到四川省电力公司超（特）高压运行检修公司。入职实操培训的第一天，他发现自己有点恐高。爬训练铁塔，到 10 多米高的地方时，他就四肢发抖，感到天旋地转。他甚至不知道自己是怎么回到地面上的。老师让他暂停登高训练，他无比沮丧。他怀疑自己选错了专业入错了行。跟同学打电话聊起来，同学劝他干脆换个工作。一个恐高的人怎么能去从事"高空作业"呢？家里人也支持他再择业。

这个时候，邱中华的犟劲却上来了。他觉得不能遇到困难就绕着走。他决心要战胜"恐高"这个困难。

训练铁塔旁有一个专门用来观摩的旋转楼梯。邱中华就在楼梯上做俯视地面的训练，从三层，到四层，再一层层往上……每一个高度，他都要训练到眼看地面心不慌、靠近栏杆脚不颤，以慢慢适应那种从高往低看的感觉。

这样练了近 1 个月，从旋转楼梯的顶层往下看，也没有了不适感。邱中华有了信心，开始去练习爬训练铁塔。每天早上第一个来，晚上最后一个走，中午也不休息。到实训结束的时候，他的恐高症克服了，爬塔水平也上去了。

公司精心挑选人员组成带电作业班。进行体能测试的时候，3 公里跑下来，邱中华吐了血丝。师傅饶建彬劝他退出。因为带电作业也是个体力活，要受得住屏蔽服里的高温高热，身体素质不好可不行。邱中华不服气，犟劲又上来了，说等半年训练完了再看。长跑、仰卧起坐、俯卧撑、蛙跳、冲刺跑、快速登塔训练、50 公斤吊重拉绳训练……他每一样都比别人练得更多。6 个月后，他的身体强壮起来了，跑 5 公里都没问题。

经过战胜恐高和体能训练，邱中华不仅在体质上有了提升，在心理和意志力上也实现了跨越。他相信只要努力，就没有克服不了的困难。邱中华犟赢了。

邱中华不怕别人说他"犟"。"带电作业"本身就是同"停电作业"犟啊！人的安全耐受电压是36伏，带电作业却要在一两万倍于安全电压的情况下工作，这不是"犟"吗？可是，电网不能停，一条 ±800千伏的线路满功率运行，可以为4亿盏20瓦的电灯提供电力。如果停电1小时，直接经济损失就是几百万元。带电作业这个"犟"，犟得有价值。

屏蔽服是带电作业的保命服，是用特殊导体材料和纤维材料制成的。衣服并不重，但封闭性极好，一旦穿上就不散热了。到了夏天，身体在里面就像被捂在蒸笼里一样，很容易中暑。因此，夏天进电场前，邱中华会先吸两支藿香正气液，再抓过钢化杯喝几口夏桑菊茶，既是漱口又是补水。但他又不敢多喝，因为高空作业有时比预想的时间要长，为减少麻烦只能补充少量的水。

二

邱中华喜欢同工器具犟。

他刚刚参加带电作业没多久，就对在绝缘子上作业时要费力弯腰取吊物，感到不满意。下了班，他找来废旧的角钢，焊了个滑车支撑架。支撑架卡在两串平行的绝缘子之间，利用一个固定点，把滑车的位置移到高点位。这样就不用在高空弯腰到低点位取东西了。这个小发明挺实用，让大伙儿干活更便利了，班上的人对这位大学生多了些亲近感。

接着，他又将目光对准滑车。他把滑车变成防缠绕开口灌绳式滑车。对绝缘子拆换时的受力卡具，他也较上了劲。以前针对不同样式的绝缘子要带不同的卡具，卡具多得连库房都快放不下了。有没有一种办法让绝缘子的卡具通用？他和小伙伴动起了脑筋。有了想法，再找办法。他们很快想出了"拆分"的方法：把卡具拆分为卡具座和内衬套，卡具座通用，内衬套采用不同型号搭配。这样每次去工作现场，只需选用不同的内衬套就可以了。一个问题就这样解决了。当看到青年员工每每为绝缘子绑扎不牢而担心时，他又发明了"绝缘子金属吊钩"，像钓鱼一样把绝缘子"钓"上去，又快又稳当。

但邱中华有时对自己发明的东西也不满意，他不停地进行改造升级。在有三串绝缘子的特高压场所，他改进了自己之前制作的支撑架。他还和同事研制出了一种新型装置，可以让工人在绝缘子更换时坐着工作，这样不仅更加安全，而且更加舒适。

还有一次，邱中华本来在家里整理资料，师傅饶建彬让他给施工现场送个工器具去。他跟师傅说，反正要送工器具过去，就顺便安排他进电场参加带电作业好了。饶建彬知道这个徒弟是想多干、多看、多积累，他对徒弟的脾性慢慢开始喜欢了。饶建彬重新提交了第二天的作业计划，把邱中华派进电场作业。这一次带电作业，邱中华还真有收获。他发现了金具之间连接的O形环有锈蚀的隐患。O形环带电更换，怎样最省事？以前没考虑过。从现场回来，他睡不着了。与几个同事一起，花了1个月时间，研发出了单根子导线卸力装置。

就这样，不到10年时间，邱中华和他的团队创新发明了23件带电作业工器具，申报了30项专利。

邱中华的革新动力，最初是想获得班里同事的认可。他要改变大家对他"文弱书生"的印象——那可不仅仅是体能提升就能做到的。后来，他的目标提升了，变成了想把带电作业中以前不能做的变成能做的，把以前不好做的变成好做的。他喜欢一句话：创新，就是要实用。

邱中华还同带电作业方法犟。

四川有2万多公里的500千伏超高压线路和5条±800千伏特高压直流输电线路的起始段。线路经过的地方，地形、地貌、气候都很复杂。这给四川的带电作业提出了更多要求。以前，高压带电作业进电场的常用方式有跨二短三走进法、秋千入场法、绝缘软梯攀爬法等。还有没有其他方法呢？邱中华琢磨上了。他从攀岩杂志上看到国外有一种电动自提升攀岩装置。他来了灵感，把这种方法借用到了带电作业中。邱中华与同事从机械原理分析到3D建模画图，从受力理论研究到附件加工定制，加班加点完成了无人机配合自动起降装置的设计，并于2015年进行了实用检验。他们终于让带电作业从"爬楼梯"升级为"坐电梯"。

在超过3000米的高海拔地区进行特高压带电作业，2017年以前是个空白。邱中华立志带领团队填补这个空白。他们做了多次计算、演练。2017年春节前，在海拔3100米的地方，他穿上屏蔽服，戴上面罩，进入±800千伏的等电位中，成功消除了线路隐患，确保了春节期间人民群众的用电安全。

邱中华的犟，赢得了同事们的认可。大家说，这个大学毕业生，还真有两下子。

<h2 style="text-align:center">三</h2>

邱中华也同自己犟。

优秀人才，哪里都想要。有部门想让邱中华离开班组到部门工作。邱中华回绝了。他想起了"竹子定律"：竹子用4年多时间来长根，才能在后面用很短的时间迅速长高。他觉得他"长根"的时间还没够，带电作业的工作还没做精。他和伙伴们还有好几个想法没实现。对于高海拔地区直升机吊人进出电场带电作业，他们从2013年就开始计划和争取，但是好几家航空公司的工作人员一听说让直升机在海拔3000米以上的地方飞，都摇了头。

这一次，终于有家航空公司愿意来尝试。进电场的人要严格培训同直升机的配合。邱中华虽然不进电场，但他是现场指挥。他想，只有参加培训，才能掌握关键点，进而制定稳妥的方案。所以，他倔强地申请，一定要参加培训。

邱中华这些年参加了不少培训、交流。以前每次都只能听，后来有时候也能做点分享。他觉得每次参加培训都有巨大的收获。同时，能把自己的经验分享出去，让别人少走一些弯路，他也有一种成就感。

为了参加这次培训，他去找工区主任，找副总经理，找总经理。单位最后向航空公司解释说，邱中华是全国能源化学地质系统的"大国工匠"，是全国劳模，去了可以讲讲高海拔施工的注意事项，还可以分享工作经验……对方也许是被这份执着感动了，同意多给一个培训名额。

在长达1个月反复、枯燥的培训中，邱中华学得最认真、练得最刻苦。白天训练飞行操作，晚上总结。模拟训练、技术演算、安措考量的稿纸写了一摞又一摞。为了确保作业方案万无一失，他还积极联系兄弟单位的技术人员、行业内带电作业的专家，在研讨中完善了《高海拔地区直升机带电作业方案》。

经过前期的精心准备，高海拔地区直升机吊人进出电场带电作业终于正式实操。2021年10月的一天，大凉山上林木葱茏，温暖的阳光照耀着万物。在锦屏到苏南±800千伏特高压直流输电线路52号塔位附近，一架直升机稳稳地悬停在200多米高空。直升机腹部垂下4根挂着吊篮的吊绳，两名作业人员站在吊篮里，从两根地线间穿过，平稳降落在导线上……听着直升机返航的嗡嗡声，作为工作负责人的邱中华抑制不住内心的激动。成功了！一个空白被他们完美地填补了！

10年来，邱中华和他的团队进行了1300余次带电作业，减少停电时间达2800余小时，创造的经济效益以亿元为单位。他的犟，赢得了人们的尊重，也犟出了成绩。

四

不过，邱中华并不是事事都犟。当同事给他提建议意见时，邱中华很虚心。师傅饶建彬批评他在工作中的失误时，他没犟过半句嘴。

邱中华以前工作完成后，喜欢在高空做"V"形的胜利手势，然后发个微信朋友圈。一次，他同另一位师傅王利华在高空带电作业。在中间歇息的片刻，邱中华抓拍到了王师傅一个帅气的姿势。下塔后，他拿着手机得意地对王师傅说："师傅您看，您这个状态好有英雄气。发给师娘看看吧！"不料王师傅却对他说："发这些给她干什么？难道还不够担心吗？"这句话击中了邱中华的心，他半句也没犟，因为他想到自己每次外出作业后，必须要给家里打电话，否则妻子会吃不下饭、睡不着觉。他还想起妻子唯一一次在电话里带着哭腔骂他，就是因为一次作业后，手机没电了，与家里失联了一段时间。

"犟人"邱中华，所有的犟都只为了一件事：把工作做得更好。

《人民日报》2022年8月3日第20版

碧波上的守桥人

娄国标

几场大雨过后，鄱阳湖的水面渐渐宽阔起来。降水汇集，支流注入，加上长江上游来水，让鄱阳湖的水位迅速抬升。视线所及，一片烟波浩渺。

"以雨为令"是党颉明挂在嘴边的话。他架着望远镜，目光炯炯，神情专注，仔细"扫描"着湖面。远处郁郁葱葱的山，湖面上姿态优美的水鸟，都难以引起他的关注。他的注意力，集中于这座大桥——鄱阳湖铁路特大桥。

一

党颉明，1993年出生，老家陕西渭南，2015年从学校毕业后入职铁路，成为一名桥隧工。工作4年后，他担任中国铁路南昌局集团有限公司九江桥工段的一名工长，带领20多名工友，负责守护鄱阳湖铁路特大桥。

这个出生于黄土高原的年轻人，之前从没想过自己的工作会与大江大湖相伴。来到鄱阳湖畔，他感叹这里的水资源如此丰富："这里一个月下的雨，比我老家一年下的雨都多。"

冬天枯水，湖面变得蜿蜒细长，宛若一条长河；春夏丰水，碧波万顷，烟波浩渺，宽阔似大海。守桥几年，党颉明逐渐掌握了鄱阳湖的特点，也深深地喜欢上了这片湖、这座桥。

"我喜欢冬天的鄱阳湖，有成群的候鸟和大片的蓼子花。到了汛期，我们的神经就高度紧张了。"党颉明说。防洪防汛，是铁路桥隧工的重要工作。除了监测水位，还要观测船舶通航情况。水涨船高，枯水期能顺畅通行的船只，到了丰水期就可能高度超限。一旦高度超限的船只强行通过大桥，就会撞击大桥钢梁，危及铁路运输安全。

装视频监控，用望远镜观测，上警报系统，开大喇叭呼停……为了避免过往船只撞上铁路桥，党颉明带着工友们想了很多办法。但在党颉明看来，"上了再多设备，还是时时放心不下"。遇到鄱阳湖高水位，他们还是愿意多下"笨功夫"——现场盯守。

桥头的看守房里，一台视频电脑、一个望远镜、一把烧水壶、一张小床，就是全部家当。水位上涨，道路被阻断，看守房仿佛是汪洋中的"孤岛"。此时，党颉明和工友需要进入防护栅栏，沿着路基步行近4公里，才能到达看守点。大桥白天列车密集，一般只有等到深夜动车停运后，检修人员才能上线作业。

吃饭怎么解决？他们笑着回答：守桥"三件宝"——方便面、火腿肠、面包，一件都不能少。

令他们欣慰的是，昼夜看守卓有成效。每年都有高度超限的船只被他们成功拦停，让大桥免于受损。令他们印象尤深的是2020年汛期，鄱阳湖持续了半个多月的高水位，一周之内他们就拦停了20多艘船。

每年汛期，党颉明和工友们都坚守岗位，汛期结束才请假回家探亲。他们说，守桥人，当然是守在要紧时、守在关键处。

二

铜九（安徽铜陵至江西九江）、衢九（浙江衢州至江西九江）两条铁路，都途经这座大桥。每天通过大桥的旅客列车络绎不绝，大桥的重要性可见一斑。

铁路未通之前，这里人们出行主要依靠水路。自古以来，长江、鄱阳湖及相关河流构成的水运通道，就是人们出行的重要途径。当年，苏轼乘船沿长江而下，途经鄱阳湖，在湖口写下了《石钟山记》，在都昌留下了"水隔南山人不渡，东风吹老碧桃花"的名句。

走在鄱阳湖大桥上，党颉明时不时会念叨这一联诗。他打趣道，如果东坡先生穿越到现在，坐着动车跨越鄱阳湖，一定不会发出"水隔南山人不渡"的感慨。

为大桥"把脉问诊"，及时发现并排除隐患，是党颉明和工友们的日常工作。多年来，无论雨雪风霜，他们都夜以继日地守护着大桥，守护过往列车的安全。我很好奇，这群90后的小伙子，如何看待这份枯燥的工作？

"大桥已经是我们的伙伴了。"团队成员管魁更抢先回答。他也来自陕西，因为身材偏瘦，身形灵活，大桥上一些需要爬上钻下的活，他都抢着干。

为了展示他们对这位"伙伴"的熟悉，管魁更一口气报出一连串数据："大桥全长5360米，有144个桥孔、14.4万多套高强度螺栓……"他喜欢钻研业务，大桥设备复杂，给他提供了学习锻炼的机会。比如，桥梁上那么多螺栓，密密麻麻，管魁更一眼就能看出螺栓是否松动、锈蚀，"火眼金睛"名不虚传。

"这些螺栓，就是大桥的筋骨，必须确保状态良好。"鄱阳湖的潮湿气候和列车经过时的震动，都会造成螺栓松动、失效，必须经常检查，及时紧固或更换。

另一位团队成员雷喆喆，刚入职时曾不解地问一位老师傅，十几万套高强度螺栓，缺一套就缺一套呗，又不影响桥梁的稳定性，何必要及时更换？老师傅告诉他："铁路为什么要有那么多道砟？因为每一颗道砟都有作用。螺栓也一样。铁路安全，来不得丝毫马虎。"

上桥作业，大桥的箱梁是党颉明和工友进行检修的必经之路。走过8节箱梁，才能到达悬空19米的检查梯。湖面的风稍微大一点，悬空的检查梯就会被吹得不停摇晃，犹如"空中摇篮"。

风乍起，吹皱一湖水。党颉明和工友无心欣赏湖光秀色，他们戴好头盔，系好安全带，站在"摇篮"里，稳步，仰头，手中的检查锤叮叮当当地敲了起来……

在他们的头顶，平均不到10分钟，就有一趟列车驶过。脚下，就是碧波万顷的鄱阳湖。

三

夜间、湖面、大风，复杂的作业环境，时时考验着这群守桥的年轻人。

办法总比困难多。党颉明他们可不服输。年轻人爱动脑筋，为适应工作环境，提高作业效率，他们摸索出了不少"高招"。

首先是对抗大风。湖面风大，特别是到了冬季，湖风凛冽，带着湿冷的水汽，吹在脸上，如刀割一般，站得越高，刺痛感越强烈。同事们之间流传着一个顺口溜：天天都有风，从春吹到冬，大风三六九，小风天天有。工友们的应对经验是：必须穿防风的衣服，外面扎上一根粗腰带，再用绳子把裤腿绑起来，防止风从裤管钻入。安全帽一定要扣紧，鞋子一定要绑牢，否则容易被风吹得到处跑。有一次，党颉明的一只鞋子没有系紧，掉进了鄱阳湖。为了不耽误工作，他只好先用一个蛇皮袋扎在脚上御寒。

消除恐高、恐水心理，也是大家必须过的一关。守桥职工一半以上来自北方，没见过这样的大湖，更别提从大桥上往下俯瞰了。初次接触这份工作，难免被吓得腿脚发软。

管魁更还记得自己第一次上桥作业，任务是给桥枕、护木涂刷沥青漆。提桶踩在枕木上，往下看，满眼都是湖水微澜，一时间仿佛整个世界都如湖面一样起伏不定，觉得"人没动，桥在动"。再往前走几步，"桥墩就开始打转了"。

老师傅见了，出言教他："小伙子，怕啥？深呼吸，眼睛看向远处的小山，不要去想这湖水。"管魁更按照师傅教的去做，果然有效。随着上桥的次数越来越多，慢慢也就适应了。"现在上桥检查作业，再也不怕了。间歇的时候，还能欣赏美丽的鄱阳湖风光呢。"

巡检防洪、喷砂除锈、整修养护……守桥人的工作内容多且杂，但更多的是日复一日的重复作业。初入职的新鲜感消退后，年轻好动的心便难免生出苦闷。工区离市区较远，大家平时基本上就是两点一线。"白天列车穿过时，我们会在桥'肚子'里或在桥面下。夜里列车停止运行时，我们才出现在桥面上。"

这样的日常中，热闹与欢畅似乎与他们无缘。我忍不住问："你们不觉得孤独吗？""孤独，当然孤独。但大桥需要我们，我们就要耐得住寂寞。"党颉明只身一人从陕西来到九江，如今找了女朋友，准备在当地成家。鄱阳湖留下了他，这座桥需要他。

远方的亲戚曾问党颉明，在铁路从事什么工作？

党颉明感到很难描述。他们守护着这座大桥，也守护着从此通过的万千旅客。但如果有人问，坐火车时能不能看到你们？答案显然是否定的。绵延的铁道线上，他们是一个个"隐形人"。但他知道，自己的工作不可或缺，而自己也为这份工作感到骄傲。

大桥默默支撑着铁路。而默默支撑大桥的，正是这群可亲可爱的年轻人。他们的工作不求风光于人前，默默守护的背后，"平安"二字就是给他们最好的回报。

《人民日报》2022年8月8日第20版

青春在机床旁闪光

周华诚

夜已深。浙江省台州市黄岩区第一职业技术学校的模具实训室里，依然灯火通明。为了让一个模具工件的抛光达到镜面效果，实训教师何英豪正手把手指导学生。

"这一步需要纯手工完成，狭窄的角落也不能忽视。"何英豪叮嘱学生。

实训室里闷热得很，汗水一滴一滴落下来。但他们毫不在意，似乎已忘记这是在7月的夏夜里。

模具使用的材料是"45号钢"，硬度不算高。抛光不仅讲究方法，更需要耐心细致、控制好时间。在学习初期，学生对抛光没有概念，手法生疏，这需要大量的训练才能慢慢提高。

先用油石把模具成型面的机床加工痕迹处理掉，然后用砂纸打磨，用羊毛球上光，最后清洗收光。每一步都要小心翼翼，一边观察，一边操作。

一次操作，需要两个小时；而手法训练，一般需要两年时间。

打磨抛光，只是模具制造这一行里的一个小步骤，但它是每一个从事这一行当的工匠都必须掌握的技能，要运用得娴熟，不是一件易事。

"看起来越是简单的事，要做好，反而越是不容易。"何英豪说，"我们这一行，容不得一点浮躁。只有把每一个环节都一丝不苟地完成好，才算是合格的工匠。"

一

"你真的想好了要去上技师学院？"父亲问他。

"想好了。"何英豪说。

"你能耐得住性子吗？"

"爸爸，你做的事情不就是这样吗？我在你的车间都体验过了。"

何小刚笑了。他是浙江宁波一家汽车部件公司的数控车间主任。几年前，因为技术过硬，他获得宁波市镇海区职工职业技能大赛"数控车工技术能手"的称号。

何英豪1998年出生。初二那年暑假，因为担心他一个人留在家里不安全，父亲何小刚把他带到了车间。

起先是想让他在一旁写写暑假作业，没想到何英豪对机床感兴趣，这儿摸摸，那儿看看，好奇心强的他还拉住老师傅问这问那。

这是一个生产汽车部件的工厂。对于初次接触工厂环境的何英豪来说，一切都是新鲜的。在老师傅的带领下，何英豪很快学会了一些简单操作。

何小刚见儿子感兴趣，干脆就教他操作机床，制作简单的小零件。

其中有一个零件，是柴油发动机中的"惰齿轮轴"。看着巨大的钢铁机器，在自己的亲手操作下做出一个零件，何英豪兴奋不已。

然而，一段时间后，最初的新鲜感慢慢消失了，何英豪开始觉得工厂环境有点枯燥。可他也发现，每一次下班，父亲都走得很晚。当其他工人离开车间后，父亲还在逐一检查生产的零件，如果机床打扫得不干净，他会重新打扫和整理。

这个细节让何英豪很感动："我才来了一个多月，就觉得枯燥了。父亲做了十几年，还这样尽职尽责。"他感到，自己要向父亲学习的东西还很多。

2001年，何小刚从湖南邵阳来到宁波打工。一无文凭、二无技术的他，凭着勤奋好学，成了技术能手。当时，厂里派何小刚参加镇海区职工技能大赛，他获得数控机床项目的三等奖。第二次参加技能大赛，何小刚不负众望，斩获"技术能手"称号。后来，他又通过考试，捧回制图员、数控车工的高级技能职业资格证书。

2014年，何英豪初中毕业。人生的关口处，一道选择题摆在了他的面前：到底是读高中考大学呢，还是去技师学院学一门技术？

只有16岁的何英豪，没有想太多，选择了就读技师学院。理由很简单，浙江是制造业大省，宁波到处都是机械五金工厂，学模具设计与制造这个专业，将来会有用武之地。

更重要的是，他从父亲身上看到：做一名工匠，对国家和社会是有贡献的。无论从事什么工种，只要认准一件事，干一辈子，千锤百炼钻下去，都可以成就一番事业，在平凡的岗位上，也能干出不平凡的成绩。

二

当下人们生活中的用品，大部分都离不开模具，从最简单的脸盆、冰箱、电脑、打印机，到汽车和摩托车发动机的金属外罩，都是用模具做出来的。生产一台汽车，要用到各种各样的模具大约2万个。

那么，模具本身又是如何制造出来的呢？拿到一个产品的图纸，需要用逆向思维去推导和设计能做出这个产品的模具。先用软件设计，再用毛坯料加工。这里所涉及的工序很多，大致有车、铣、热处理、线切割、激光刻字、抛光等。

何英豪开始频繁地跟模具打交道。他学得很认真，但偶尔也会觉得，这个工作每天就是把模具摆弄来、摆弄去，似乎有点儿沉闷。

有一次，何英豪回家休假。饭桌上，父母亲聊到了当初父亲刚到宁波时没找到工作，在街头彷徨的往事。何小刚深有感触地说："只要踏踏实实学习，踏踏实实做事，是金子一定会发光的。"

这句话给何英豪留下了深刻印象。后来，每每对自己的选择有点动摇的时候，或者是有点心浮气躁的时候，何英豪都会想到这句话，想到父亲的经历。他对自己说，要沉住气，要耐得住寂寞，要把手艺练好，这是最重要的。

技师学院曾有两名优秀的学生在世界技能大赛的全国选拔赛中脱颖而出，这件事点燃了何英豪心中的梦想。他决定报名参加学校的竞赛小组，他更想进入国家集训队实训学习。

世界技能大赛的实训过程，就是一名优秀工匠的"炼"成过程。第一步是看图纸、画图纸；第二步是对着图纸独立实训、找出问题、总结分析；第三步要训练出强大的心理抗压能力。

如果是在工厂里，工人只要负责自己岗位的工作即可——制图的只负责画图，数控加工的只负责加工，抛光的只负责抛光……但是，参加世界技能大赛就等于要做一名"全能型选手"，整个环节的每一个步骤，都需要一个人独立完成，每一步都要求极高。

经过选拔，何英豪如愿以偿进入了国家集训队实训学习。每一天，他都把时间花在实训室里。每个周末，他只在周五晚上回一次家，第二天又返回集训队，继续训练。就连节假日，他也放弃了旅行与休闲，每天都是高强度的训练，结束后还要和小组成员分析当天出现的问题。这样的状态，持续了一年半时间。

正是在这样的训练中，何英豪发现，自己越来越像父亲了。为了解决一个技术难题，有时候他会待在机床边，从早上一直到深夜。每一个问题，都需要认真地、缜密地去解决。有时候，他会想起在父亲车间里看到的那幕场景：所有人都下班回家了，父亲还在慢慢地检查车间，用目光抚摸每一台沉默的机床。

三

2018年，何英豪在第45届世界技能大赛全国选拔赛中，夺得第五名的佳绩。次年，他来到台州黄岩区第一职业技术学校任教，成了一名模具实训指导教师。

黄岩是台州的老工业基地，模具产业发达，被誉为"中国模具之乡"。随着中国制造业的不断进步，模具制造的工艺也在不断提升。在智能模具小镇，聚集着大大小小上百家模具企业。汽车模具、微发泡大型模具等各种模具，这里一应俱全。

2020年，何英豪参加浙江省职业技能大赛，获得第三名的好成绩。此后，他被浙江省人力资源和社会保障厅授予"浙江省技术能手"称号，被共青团浙江省委授予"浙江省青年岗位技术能手"称号。

成为模具实训教师后，何英豪开始培养更多的年轻工匠。通过两年多的训练，他的学生孙嘉成、管邵惠在全国职业院校技能大赛上取得佳绩。两人毕业后，一人到黄岩当地的模具企业工作，成为生产一线的骨干力量；另一人进入上海一家航空航天公司，参与火箭制造的阀门零件检测工作。这两年，何英豪指导的学生在国家级、省级技能大赛上频频获奖，他自己也被竞赛组委会评为"优秀指导教师"。

何英豪明白，学生们终究都要走上工作岗位，为社会服务。因此，他主动与企业联系，了解行业对技能的要求。利用周末，他去黄岩当地的模具厂参观学习，与企业师傅沟通交流，把社会需求对接到校内教学上来。

制造业如何面向未来，是何英豪经常与学生们一起交流的话题。他说："我们国家的建设，需要大量的专业技术人才，需要无数的工匠，尤其是高技能人才。舞台很广阔，关键是要有工匠精神，脑子里的观念要新，手头上的技术要硬。"

建大桥，造火箭，什么样的大工程，都离不开一个个小零件。只有把每一个小小的部件做好了，才能支撑起一座大桥、一枚火箭。父亲跟何英豪说过的那句话，他一直记在心里，现在，又讲给他的学生们听。

这个暑假，何英豪陪着学生们一起，把时间全都泡在模具实训场地。他已经很久没有回家了。

汗水落在机床上。正在打磨的模具像镜子一样闪闪发光，映照出几张年轻的脸庞……

《人民日报》2022年8月17日第20版

"王杰的枪我们扛"

∙∙∙∙∙∙∙∙∙∙ 刘晶林　傅宁军 ∙∙∙∙∙∙∙∙∙∙

一

陆军第71集团军某合成旅的营区，矗立着一座英雄王杰的青铜塑像。新兵周智涵面对塑像立正、敬礼，然后大声报告："老班长，我是'王杰班'第274名士兵，前来向你报到！"

2017年，周智涵入伍，成为"王杰班"的一名新兵。初到"王杰班"，周智涵有点惊讶。班里点名，班长第一个呼点的是"王杰"，接着全班战士齐声答"到"。班里的宿舍有一张王杰生前的床铺，50多年来一直保留着。每到晚上，班长将王杰的被子郑重打开，再轻轻铺好……

1965年7月，王杰在组织民兵训练时突遇炸药包意外爆炸。危急关头，他为保护在场的12名民兵和人民武装干部的安全，用身体扑向炸药包，舍己救人，壮烈牺牲。他用年仅23岁的生命实践了"一不怕苦、二不怕死"的誓言。同年，王杰生前所在班被命名为"王杰班"。

起初，周智涵对王杰的事迹和精神了解不深，对呼点和铺床的仪式也不理解。他把心中的疑惑告诉了副班长王超。王超没有多说什么，只是递给周智涵一本王杰日记故事选。

当兵4年，王杰写下了300多篇、总计超10万字的心得日记。这些日记真实记录了英雄成长的心路历程——

"什么是理想？革命到底就是理想。什么是前途？革命事业就是前途。什么是幸福？为人民服务就是幸福。"

"我们要'一不怕苦、二不怕死'，做一个大无畏的人。"

周智涵认真读着这本已被战友们翻看得起了毛边的日记故事选，对老班长的认识越来越深，心与老班长也越来越近。再经历呼点，再看班长铺床，周智涵渐渐理解了这仪式中的深意。也是从那时起，周智涵萌生了一个想法，他以后也要争当"王杰班"班长，以后每天给老班长铺床、叠被子。

每一个新兵，都会经历一个从稚嫩到成熟的过程。

赵宇永远记得那一天，父亲兴冲冲地说他的老部队来征兵了，让赵宇报名。赵宇有点怀疑，父亲是不是当年自己当兵不够出色，所以想让他来代替完成心愿。父亲说："你错了。你爸当兵时，是一个好兵。"赵宇的父亲赵志军1986年11月入伍来到王杰生前部队，1989年2月成为"王杰班"的班长。父亲说："你要是有能耐，咱们比一比！"赵宇说："比就比！"他当即报名，应征入伍来到部队。

新兵连组织战士参观王杰事迹陈列馆。赵宇在展厅看到父亲赵志军的照片，才知道平日里寡言的父亲是这样优秀。他的父亲作为"王杰班"的第14任班长，曾带领全班战友出色完成任务，荣立三等功1次；全班荣立集体二等功1次。站在父亲的照片前，赵宇立志一定要青出于蓝而胜于蓝，做"王杰班"优秀的士兵！

一开始训练时，赵宇与战友有不小的差距，一是因为平时缺乏锻炼，二是因为体重超标。

赵宇知道，唯有不怕吃苦，比别人付出更多的努力，才能追上甚至赶超，而老班长就是他的榜样。赵宇变了，每天，别人做100个俯卧撑、100个仰卧起坐，赵宇就各做200个；别人跑3公里，他就利用课余时间多跑一趟。空闲时，赵宇打电话问父亲，当年能做多少俯卧撑和仰卧起坐。父亲说，每晚做1000个俯卧撑、500个仰卧起坐。此外，还要提起两个小板凳做扩胸运动，用背包带把腿吊起来拉韧带……赵宇不再问，放下电话，转身跑向训练场。

通过高强度的体能训练，赵宇短时间内减重几十斤。他的军事训练成绩也突飞猛进，连续两次登上连队的"龙虎榜"。他终于可以告诉父亲，自己也成了一名合格的"王杰班"战士。

二

2017年4月，"王杰班"由工兵班调整组建为装甲步兵班，同时换装新型两栖步战车，这给"王杰班"的官兵带来全新挑战。

班长王大毛带领全班战士，面向王杰塑像，立下誓言：一定不会愧对"王杰班"的荣誉，再苦再难也要迈过转型这道坎。

战士吴学哲是大学毕业生，他原以为掌握新装备手到擒来。没想到，新型步战车的数控程度，远远超出他的认知。面对新领域，吴学哲一时束手无策。

一天，吴学哲在战车里查看电路板，见战士李哲时不时用笔在胳膊上写什么。吴学哲好奇地问："干啥呢？"李哲笑了，说："怕忘了，就记在胳膊上了。"吴学哲细看，李哲的胳膊上写满了密密麻麻的文字。于是，吴学哲学了一招，也在胳膊上记笔记，以加强记忆。

经过勤学苦练，吴学哲很快掌握了新装备的使用，在等级考核中取得了好成绩。

不过，也有初次考核失手，没考好的，王佳锋就是其中一个。

王佳锋是"王杰班"转型后的留任老兵。"常年埋雷的手，现在要握方向盘，难！"面对全新的挑战，王佳锋知难而进。他找到班长王大毛："收个徒弟吧，跟你学习驾驶理论。"接着，他又找到驾驶员徐彬："师傅，教教我训练技巧。"在班里，谁训练好，王佳锋就跟谁学，到处拜师……就是凭着这股不服输的劲头，半个多月后，再次考核，王佳锋驾驶步战车一路疾驰，突破重重障碍，顺利考取了驾驶等级证书。

学会使用新装备只是第一步，还要求专、求精。

夏天，炮塔里温度高达50摄氏度，炮长谢彬彬往里面一钻，就是大半天。训练完，离开炮塔，靴子里能倒出一汪汗水。谢彬彬苦练本领，把发射电路、仪表部件，以及机枪的性能参数，一一掌握清楚，成为所在部队表彰的"最佳射手"。

步战车驾驶员徐彬思维活跃，敢于创新。在一次蓄电池连接课目的考核中，徐彬发现，如果把蓄电池从固定架上拆下来，有可能连接得更快。当时有人反对，担心会拆坏装备。但是经过反复测试，徐彬最终证明了自己设想的正确。

在转型的过程中，徐彬不光爱动脑筋，还敢于尝试，不惧危险。

水上驾驶是危险系数较高的训练项目，尤其是使用新装备首次下水。徐彬主动请缨："连长，新装备要学好，关键还要用好。让我来开头车吧。"训练前，徐彬悄悄写下了"告别信"："生死有些沉重，但军人必须敢说，如果战争来临，我也会像老班长那样奋不顾身……"后来，徐彬成了全连驾驶步战车水上抢滩登陆的第一人。

坦克道上埋地雷，是王杰当年组训时采用的方法，这项传统一直延续着。调整为装甲步兵班后，"王杰班"继续秉承实战化训练理念，雨天、高温天坚持训练，专挑泥坑、坡道等复杂地形进行操作训练。

为了磨砺刀锋，尽快形成战斗力，班长王大毛为全班立下三个"铁规矩"：训练时间一秒不能少，规定内容一个不能落，训练强度一点不能降。一年下来，"王杰班"战士野外驻训达240多天，平均每天训练超过10小时。

王大毛还向全班战士提出了一专多能的训练目标。即十八般武艺，人人都要会，以确保战场环境下，具有持久的战斗力。为了实现这一目标，王大毛带领全班苦练精兵，全员熟练掌握了11种打击火器的使用，在全旅率先全员取得通信、射击、驾驶三个专业的等级证书。

三

"王杰班"的战士们，每每执行任务，都要来到王杰的塑像前，向老班长立下"军令状"；完成任务后，再向老班长汇报。这已成为他们与老班长之间一个不成文的约定。

军营广场上王杰塑像两侧的标语墙上，分别写着"一不怕苦"和"二不怕死"几个遒劲有力的大字。

周智涵来过这里。那是他来到"王杰班"的第一周，连队组织新战士双腿深蹲比武。周智涵向老班长表态，一定要拿到冠军。他做到了。他做到900个双腿深蹲时，就战胜了所有对手。但他没有停，他还要战胜自己。结果，那天周智涵做了1140个深蹲。这个成绩，老兵们听了都啧啧称赞。

黄龙来过这里。为了拿下陆军"精武—2018"军事比武参赛资格，黄龙全身心投入淘汰率高达70%的选拔考核中。黄龙如今已是"王杰班"现任的第32任班长。

杨子干来过这里。杨子干从小生长在大凉山，奔跑是他的强项，但在400米阻碍穿越地桩网这一环节的训练中，他的成绩并不理想。为了提高穿越速度，杨子干腰上拴绳子，拉着轮胎苦练。经过刻苦训练，杨子干以优异成绩圆满完成了这个项目，并成为"王杰班"的训练尖子。

2020年盛夏，连降暴雨，江西九江抗洪抢险迫在眉睫。接到命令，

"王杰班"全体战士来到王杰塑像前向老班长宣誓，随后启程出征。

那天是7月14日，正是55年前的这一天，王杰壮烈牺牲。战士们决心发扬王杰精神，把"两不怕"的旗帜牢牢插在坚固的防洪大堤上！

战士徐彬当时已确定休假，当他获悉连队即将奔赴抗洪前线，悄悄退了回家的车票，毅然踏上征程。经过长途跋涉，车队抵达受灾一线后，战士们立即投入抢险救灾的战斗中。经过近10个小时的奋战，徐彬和班里的战友，终于战胜了洪水，排除了险情。

战士李哲，临来九江抗洪之前，训练中受伤，肋骨断了两根，经治疗，尚未完全康复，但他坚决要求参战。当部队来到目的地后，面对滚滚袭来的洪水，李哲第一个跳下大堤，用身体堵住缺口……

一年夏天，"王杰班"随同连队赴安徽颍上县抗洪。在那里，"王杰班"的战士们为抢救近10吨的救灾物资，奋不顾身跳进齐胸深的水里……经过两个多小时的奋战，物资保住了，他们顾不上休息，随即转战大堤，投身新的战场……

近年来，"王杰班"先后20多次协助军地销毁废旧弹药，数十次执行抗洪抢险、火灾救援等任务。作为"王杰班"战士，他们大力弘扬"一不怕苦、二不怕死"的革命精神，在一次次考验面前，交出了完美的答卷。

王杰的枪我们扛，

王杰的歌我们唱，

一不怕苦，二不怕死，

一心为革命，

永远跟着党！

在"王杰班"的训练场上，在"王杰班"奋战的前线，经常会响起战士们铿锵有力的歌声。

这首《王杰的枪我们扛》，是"王杰班"的班歌，也是连歌、营歌、旅歌。歌里唱的，是王杰精神的传承，也是战士们争做新时代王杰式好战士的决心。

《人民日报》2022年8月20日第8版

练就一身真本事

兰天智

"周工，汽轮机开不起来了。"

"什么状况？"

"转速上下摆动，稳不住。"

"检查调速器。"

拆下调速器，拿千分尺测量。果然，调速器的间隙大了。

"还是周工有办法！"——周工，名叫周华建，是新疆库尔勒中泰纺织科技有限公司动力中心的工程师。

这位90后年轻人，26岁就成为钳工技师，在国家级职业技能竞赛中获奖，27岁已是全国纺织行业技术能手……

一

周华建的老家，在重庆市垫江县高安镇协和村。1992年出生的他，自小勤快懂事，知道体恤父母。初中毕业后，周华建想尽早减轻父母的负担，便选择进入技校学习技术。

2014年9月，渴望学习更多技术的周华建正式入职，成为一名设备维修工。他本以为凭借一年多的实习经验，能够马上在工作岗位上大展身手。可师傅却把他带到了车床前，干起了最基础的车床工，每天给他一些废弃的铁板，带他练习制作简单的零部件。勤快好学的周华建很快就掌握了车床的操作要领。一年后，他就能制作出设备常用的一些零部件了。

一次，师傅安排他制作一个泵轴的轴承位。他照着图纸，很快就制作完成。拿千分尺测量，分毫不差。不料过了几天，维修人员来领取泵轴，一量，轴承位尺寸竟然小了。"当时测量明明刚好，现在尺寸为啥变小了呢？"周华建百思不得其解。他跑去问师傅，师傅一语道破："你现在测量的是冷却后的数据。"周华建恍然大悟：没有把温度的因素考虑进去。

报废了材料，还影响了维修和生产，师傅严厉地批评了周华建。周华建这才理解师傅带他从基础练起的良苦用心，也深深记住了师傅经常告诫的一句话：胆要大，心要细。

从这以后，周华建对自己提出了更严苛的要求："拿到制作图纸后，每一步都要做到细之又细，每一个细节都要做到极致，每一项工作都要完美完成，让最挑剔的人也找不出半点瑕疵来。"

一晃，两年过去了。工作中追求完美的周华建，操作技术有了很大的提升。这一天，师傅告诉他："公司想通过参加自治区职业技能大赛，培养一批钳工。大家认准你是一棵'好苗子'。"

"钳工？"周华建疑惑地问。

"对，钳工。"师傅点点头。

"我是车工，怎么能参加钳工比赛？"

"比赛还有三四个月，从现在开始练习钳工技术。"

"这……能来得及吗？"周华建心里没有底。

"来得及。能不能获奖不重要，贵在参与，好好练吧！"师傅为他鼓劲打气。

就这样，周华建从车工转为了钳工。

艺多不压身！其实，周华建早就想学钳工技术，但之前只能靠自己摸索。现在有了专业的师傅指导，又有了参加技能大赛的目标，周华建学习的劲头更足了：下班后，同事们都回家了，他只身来到维修室里，训练钳工的锉配技术。放下锉刀，拿起锯弓；放下锯弓，又开始钻孔、测量、装配……一遍又一遍。手掌心磨起的血泡，也是起了一遍又一遍，直到变成了厚厚的老茧。一段时间下来，周华建的身体也消瘦了一圈。

有一天，他拖着疲惫的身子回到家，父母见了心疼不已："要不换个工作？"

"不换，换啥子嘛！既然学了，就要坚持下去，要干一行、爱一行、钻一行才行。再说，没有苦，哪有甜啊！"周华建憔悴的脸上露出坚毅的神情。

周华建通过了公司内部的层层选拔，成为代表公司参赛的6名选手之一。很快，自治区职业技能大赛开赛的日子也到来了。

第一次参加这样的大赛，周华建心里紧张、焦虑，比赛前一天晚上，竟然失眠了。但来到赛场，他凝神静气，专注于竞赛项目，把失眠的疲惫抛在了九霄云外。颁奖时，周华建又惊又喜地听到广播里传出自己的名字——钳工赛项的第三名！虽然未能夺冠，但也让他激动不已。

获奖的兴奋感消退后，周华建在心中复盘比赛。他从其他选手娴熟的锉配技术中，感受到了差距。"尺寸精准、工艺精湛，速度还更快……钳工技术真是山外有山人外有人啊！我可不能掉链子！"在回来的火车上，周华建辗转反侧，一直在思考如何精进技艺。

回到岗位，在工作之余，他找来与竞赛相同的课题，每天晚上把自己关在维修室里，8遍、10遍、100遍……反复练习，日复一日。双手越来越粗糙了，手腕肿得像面包，心却变得细腻了很多。他觉得，打磨配件的过程，就是在打磨自己的内心。

宝剑锋从磨砺出。2018年7月，在第八届新疆维吾尔自治区职工职业技能大赛中，周华建荣获了钳工赛项一等奖。同年11月，他又代表新疆参加了在山东举行的第十届全国石油和化工行业职业技能竞赛。周华建以实力证明了自己，从全国石油、化工行业的近200名参赛选手中脱颖而出，获得钳工赛项二等奖的佳绩。

二

动力中心是公司的"心脏"。载誉归来没多久，公司领导"点将"，把周华建调到了动力中心。

刚到这里，恰逢汽轮机检修。此时的周华建已是钳工技师，但隔行如隔山，面对这些庞然大物，他一时不知道从何下手。怎么办？

学！他又一头扎进了车间，从头开始学起动力设备的维修知识。车间内，震耳欲聋的噪声，混杂着油脂味、铁锈味的湿热空气，让他有些不适应，还没怎么干活，汗水就湿透了工作服。

但他没有退缩，而是认真思考如何当好这些设备的"保健医生"，如何呵护好公司的"心脏"，让设备健康高效地运转。

周华建学得认真，坚持在干中学、学中干，调整、测量、安装……他抢在先、干在前。没过两年，他就取得了相关专业的工程师任职资格。

他来到动力中心的第二年，锅炉车间三号炉的罗茨风机频频烧坏轴承，运行不到2个月就停转了。有人认为风机的轴弯了，把轴进行了校正；有人提出轴承质量有问题，换上了最好的进口轴承；有人判断是润滑油质量不好，也换成了最好的；还有人说风机入口的灰尘太大，造成磨损严重……能想到的配件都换了一遍，该处理的隐患也都处理了，维修了好几次，可问题还是未能解决，严重影响了生产。

公司组织员工一起"会诊"，寻找"病根"。大家各抒己见，热烈讨论。周华建坐在风机的叶轮前，如诊脉一般观察、揣摩良久，忽然脑中灵光闪现，想起了第一次制作泵轴轴承位失败的事。他茅塞顿开："我认为问题出在叶轮之间的间隙太小了。间隙小，摩擦大，发生热膨胀后，磨损更大，最终烧坏轴承。"

周华建话音刚落，人群中便传来阵阵质疑声："不可能，轴承与叶轮的间隙有啥关系？""你来到动力中心才多久？这事你不懂！"

然而，当时确实也没人能提出更合理的意见了。大伙儿只能抱着试一试的态度，把两片叶轮的间隙调大了些许。令他们意想不到的是，打这以后，这台罗茨风机再也没有烧坏轴承的故障发生。问题彻底解决了。大家纷纷对周华建刮目相看。

又有一次，动力中心一台汽轮机的室外排气电动阀门出现内封闭不严的问题，蒸气大量泄漏，导致检修工作无法正常进行。经过检查，大家一致认为，该阀门基本上处于报废状态。采购需要三四个月，势必影响正常生产。怎么办？

"我们修。"周华建主动提出。

"快要报废的阀门，能修好吗？"同事们有些疑惑。

"可以。"周华建底气十足地回答。

这些年，他从未间断过学习，先后报考了国家开放大学、中国石油大学的相关专业，边工作，边学习，拿到了本科毕业证。他还结合实际工作，购买了很多专业书，不断刻苦钻研。这次维修，他信心十足，势在必得。

他带着两位同事，把电动阀门拆下来，解体，"诊断病因"。很快，他发现"病因"在结合面。揣摩许久，他决定用比赛练就的技术对结合面进行修复。四天后修复完成，结合面几乎重新回到了出厂时的状态。重新安装后，问题得以解决，这个电动阀门一直用到了现在。变"废"为宝，仅此一个阀门就为公司节约了数万元。

三

有人说，创新是企业发展的不竭动力，也是工匠精神的灵魂。"用务实的态度去创新，用忠诚的意识去奉献"，这是周华建多年秉持的信念。

周华建每天注视着汽轮机、锅炉、发电机等各种大大小小的生产设备，他的眼睛就像全方位、无死角的高清摄像头，不放过一丝一毫的故障前兆和安全隐患。那些漏气、漏油、漏水之类的小问题，也成了他进行创新改造的课题。"干不了什么大事，就做些小事，也算是为消除安全隐患和节能降耗做了些贡献。"周华建谦虚地说。

节能降耗、消除隐患，岂是小事？

一次，化水车间的一台废液泵出现漏水问题。处理工作有一定的难度，用工多、工时长，一时成了烫手的山芋，很长时间也没能得到解决。

发现这个问题后，善于创新的周华建动起了脑筋：既然大家都认为很难，为什么不能通过技术改造，把复杂的问题简单化呢？他仔细研究，查阅各种资料后，初步确定了改造思路：把机械密封改成填料密封。为此，他还设计了新的密封装置。

　　他把想法说出去后，有人好心相劝："要是问题好解决，别人早解决了。多一事不如少一事，你要是搞砸了，还不如不搞。"也有人说风凉话，觉得周华建就是年轻人喜欢出风头。可周华建认定的事情，一定要干成。不管别人说什么，他只当没听见，继续专心查阅资料、设计、绘图、加工，最终成功完成了改造，解决了漏水问题。

　　动力中心6台除氧器的排气管直接排往室外，每天要排出大量水蒸气，相当于许多宝贵的水被白白浪费了。周华建一直记挂这件事，主动请缨进行改造，计划在排气管上加装冷凝器，让蒸气凝结成水，进行集中回收利用。公司经过多方论证，同意了周华建的想法。半年后，6台除氧器改造完成。不改不知道，技改后效果惊人：1台除氧器1天可回收冷凝水300多升，6台1年可回收冷凝水近800吨。

　　这样的事例还有很多。周华建多年来一直坚持的，就是把每一件小事做好、做完美，把平凡的工作做成不平凡。也正是在这样的工作实践中，他不断积累提高，练就了一身解决问题的真本事。

　　从车工到钳工，再到动力中心，一路走来，周华建脚踏实地，拜了多位师傅，学到了不同风格的绝活。师傅心贴心带他，他带徒弟也毫不含糊，认真言传身教，带出的徒弟个个身手不凡。

　　"别看师傅平时非常和蔼，在工作中对我们却很严格，每做完一个工件，他都会批改、指正，对工件的精度要求很高。有一次，我做完一个镶配件给他看。他一量，间隙大了，马上就知道问题出在哪里——锉削时左手用力过大，锉刀没端平。他就让我一次次练习精锉。他说，要像打磨自己的内心一样，精心打磨每一个面，内心提升的过程，就是产品质量提升的过程。"徒弟王光璞难忘师傅的严格。在师傅的指导下，他不断磨炼自己的技术，短短两三年时间，就从一个不会用千分尺的新手，成长为能与各路技术高手同台竞技的行家。

这些年，周华建带着徒弟多次参加过自治区、国家职业技能大赛，频频斩获奖项。如今，他的徒弟王光璞、孙鹏德等不少人，已经在动力中心的重要岗位挑大梁了。

在库尔勒经济技术开发区，各类企业云集。周华建成了这里小有名气的人。曾有两家企业向他开出高薪，但被他婉拒了。他说，我哪儿也不去，能和企业一起成长，是我的幸运。公司也十分重视周华建，于2019年6月成立了"周华建钳工技能大师工作室"。如今，在库尔勒中泰纺织科技有限公司，工匠精神渗透到每一个岗位，"比学赶帮超"蔚然成风。公司里悬挂着荣获"岗位能手""操作能手""劳动模范""十佳青年""技术能手""优秀人才"等荣誉称号的员工照片。他们身披红绶带，胸戴大红花，面带笑容，仿佛在表达奋斗不止的心声……

《人民日报》2022年8月22日第20版

"要干就干出个样子"

李亚楠

第一次见面，就觉得赵强国这个小伙子穿的有点怪，天蓝色的工装怎么显得有点臃肿？等他坐下，从裤脚处看到隐约露出的一点不同的颜色，才察觉出"怪"从何来——即便是最怕冷的老年人，在30多摄氏度的高温天也不会穿秋衣秋裤了，更何况一个30多岁的年轻人。

直到跟着他走了一遍生产车间，被高温炙烤得无法靠近生产设备，才意识到他这身打扮的"高明"之处——虽然热，但能防止扑面而来的热流和不小心碰触到的高温生产设备灼伤皮肤。

因为随时要进出车间，赵强国懒得来回换衣服。这么多年，他早已习惯了这身打扮。

一

"嗨哟！"

"扑通！"

新疆众和石河子新材料产业园的车间里，无风、燥热，机器嗡嗡运行，间或响起搬重物的呼号声和重物落入液体的声音。

几十位和赵强国一样打扮的工人，穿戴着隔热面屏、围裙、手套，迎着八九十摄氏度的热浪，将15公斤重的定制普铝铝锭快速从方形加料口扔进精铝电解槽。铝锭很快变成七八百摄氏度的铝液，经过三层电解后，其中的杂质和微量元素被过滤。铝液进入铸造车间，制成高纯度的精铝铝锭，它们闪烁着银色的光泽，被送往下游企业。

但这还不是赵强国最想要的被称为超高纯铝的产品，"纯度要达到99.999%才行，我们称为5个9。"赵强国说。

赵强国说的这种超高纯铝，全球每年需求量3000吨左右，是半导体和芯片制造不可或缺的关键材料之一，此前主要依赖进口。两年前，赵强国带着团队突破了技术瓶颈，成功研发出超高纯铝并实现量产，目前主要在乌鲁木齐的车间生产。石河子的生产园区去年年初开建，等运行趋于平稳后，预计今年年底将超高纯铝的生产任务全部放在石河子园区。

从懵懂入行，到成为技术带头人，赵强国埋头苦干了十几年。自认天赋不高，他硬是凭着能吃苦的劲头和追求卓越的精神，啃下了别人啃不下的硬骨头。

赵强国在兰州理工大学读的是冶金工程专业。读书4年，他掌握了冶炼多种金属的理论知识，却没有到工厂实际操作的机会。赵强国对这行的工作环境了解并不深。

2011年夏天，赵强国大学毕业后进了企业，分配到研发部门。按规矩，新入职的大学生要先到精铝车间锻炼。

本以为可以坐在实验室、吹着空调搞研发，没想到，上班第一天，赵强国就碰到了一个"下马威"：当时正是7月，最热的时候，车间里平均温度五六十摄氏度，更别提靠近生产设备了。常常是在室外出了一身汗，一进车间，浑身干燥——汗液来不及停留就瞬间被蒸发。戴着隔热面屏，赵强国的脸也被热浪烤得生疼。

没多久，一起入职的4个同事只剩下他一个：一个回老家转了行，两个就地转岗干起了销售——都被这环境吓怕了。

他倔劲儿上来了：我就不走，干本行，还要干出个样子来！

车间使用的三层精炼设备他见都没见过，只能跟着老师傅从了解生产设备开始，边看、边问、边学。面对这个随时提问的年轻人，车间技术员翟进江也没烦，一点点教。

看了几次，赵强国跃跃欲试："翟师傅，让我试试清转精铝槽吧？"

翟进江黑了脸："都没摸清楚原理，就想上手？你知道一个小环节出问题，这个槽就得报废吗？"

清转精铝槽，就是把精炼提纯后剩下的杂质和微量元素清理干净，再根据需要加入适量电解质。说起来简单，可操作起来难，得胆大，还得心细。

被批评了，但赵强国不服输的劲头上来了。他一边看老师傅操作，一边在本子上认真记录，还用手机拍下视频，回头一遍一遍看。花了几个月时间，他把工艺流程图牢牢记在了心里。

机会来得很快。有一天，赵强国拿着本子跟着翟进江进了车间，正等着观摩师傅操作。翟进江眼一瞪："还看呢？自己上手操作！"几个月的踏实认真，翟进江看在眼里，这是要检验他的技术呢！

所有的步骤早已刻在了脑子里，赵强国感激地冲师傅笑了笑，把本子和笔往口袋里一揣就开干了。花了半小时，他完成了清转工作，通过了师傅的考核。翟进江竖起了大拇指：这个大学生，行！

翟进江带过不少刚进厂的大学生，但对赵强国印象深刻："这个小伙子不怕吃苦，还勤快，愿意动手动脑，眼里有活儿。"

二

经过两年一线车间锻炼，赵强国熟悉了工艺流程，这才走进了研发部门。搞研发，光有实战经验还不够，还需要扎实的理论知识做基础。在新的岗位，赵强国迎来新的挑战。

注册安全工程师资格考试报名开始了，要不要报名？准备考试意味着很长一段时间都要加班加点，但工作要干好，需要这些知识打底，那就考！

企业和几所高校有科研合作，参与的人要频繁出差，不少人打了退堂鼓。"我报名！"可以了解最新的行业技术信息，赵强国不舍得放过这么好的机会，想都没想就报了名。

就这样，一步一个脚印，勤勉努力，赵强国成了公司的技术骨干。

超高纯铝是国家的战略资源，但一直只能依赖进口。赵强国所在的企业生产的高纯铝在业界很有名气，但始终没有突破超高纯铝的技术关卡。

"别人能干，我们为什么不能？"赵强国给自己和团队定了目标。

高纯铝行业有个单位是ppm。普铝铝锭中有很多微量元素，只有微量元素的含量降到一定范围，才可被称为超高纯铝。其中一种关键微量元素的标准是0.1ppm以下，就是千万分之一。而当时国内的工艺水平，只能达到0.5ppm。

2019年，公司决定研发超高纯铝，赵强国带头组成了研发团队——加上他仅有3人。

更换不同的普铝铝锭和不同的电解质反复试验配比，赵强国一头扎进了实验室。

99.996%！ 99.997%！ 99.998%！

纯度不断提升，已经非常接近超高纯铝了。一边准备开工生产，一边继续试验，赵强国的心里仿佛扯着一根线，忽忽悠悠提得老高，"数据已经如此接近，成功应该就在眼前了吧？"

突然，那根线断了，他的心沉了下去——纯度不但没再往上走，反而扑通掉了一大截。

换了不知多少不同的普铝铝锭，提纯用的电解质也换了两次，依然不行。

"做事情就是要不断努力，遇到一点困难就放弃，还谈什么追求卓越？"继续寻找新的电解质！再次更换新的电解质后，通过调配参数反复试验，纯度一次比一次高，有希望！

2020年底的一天，和往常一样，经过三层电解后的铝液被取样化验。当看到报告上出现了5个9时，赵强国一时不敢相信。他双手颤抖着将报告递给团队的其他人："我没看错吧？我们成功了？"

"没看错，我们成功了！"大家熬红了的眼中流下了滚烫的泪水。

历时一年半的试验终于成功了，这项试验打破了超高纯铝依赖进口的现状。

三

看着车间里工人被热浪烤得黑红的脸颊，赵强国有了新的科研方向。

"如果有合适的机器，就不用人来搬铝锭了。能让更多人免于被高温炙烤，该有多好！"高温下，没有人能时刻保持旺盛的精力，任何一个疏忽，都可能使产品纯度受影响。如果能计算出最优操作，用自动化设备精准设定每一个环节，生产效率将会大幅提升。

自动化设备，有啥难的？赵强国搬了台电脑到车间准备试试，结果电脑直接黑屏了！高磁场、高温、高粉尘，这样的环境下，自动化设备也受不了。怪不得全球范围内的三层电解铝生产企业都没有实现自动化的先例！

赵强国立志打造一条智能化的生产线。冶金工程专业出身的他对智能化一窍不通。新的工业园区开工在即，厂房的设计要根据智能化生产线的需求做出相应改变。时间不等人！只能白天做试验、搞研发，晚上学习智能化知识。半年多的废寝忘食、埋头钻研，赵强国熟练掌握了智能化相关专业知识。

"要用机械臂加料。""厂房设计要考虑到设备安装空间。"在与设计院频繁的沟通过程中，他提出的建议被采纳了。

设计方案敲定了，接下来就要把图纸变成现实了。可当赵强国跑厂家选设备时，不少厂家一听就连连摆手，"自动化设备很难在那种环境下运行。"

终于有一家具备生产实力的厂家愿意尝试改进设备。经过模拟运行试验，4套设备在模拟环境下均可正常运行。

公司决定正式改造智能化生产线。新建厂房的车间里，设备已进入安装调试阶段，很快就可以正式运行。"如果在实际使用过程中能达到模拟环境下的效果，就成功了。"机械臂正在等待开启，它将在电脑的控制下代替人工将15公斤重的普铝铝锭不停扔进加料口，而不用担心铝液飞溅带来的烫伤危险。

车间工作环境艰苦，一线工人不好招。智能化生产线的使用，能够提高生产效率，减少对人工的依赖。届时，还能进行24小时实时数字化监测，为安全生产提供保障。对于智能化生产，赵强国充满了期待。

四

生产1吨精铝要用多少电？13000度。一个三口之家平均每月用200度电，生产1吨精铝所耗的电够一家人使用5年多！

必须进行节能降耗！在赵强国的主持下，高纯铝提纯节电项目正式实施。

清转电解槽需要断电，等清转完毕，再将温度提升上去，就要耗费更多的电。"如果不断电就可以进行清转工作，不就可以降低损耗吗？"赵强国在车间锻炼时就跟着翟进江熟悉了清转电解槽的程序，反复试验、验证后，实现了带电作业。

三层电解槽上的罩门高高抬起，保温效果比较差，如果让它降下来盖严实了，热量的挥发就会减少，赵强国带着工人对设备进行了改造。

攻关团队经过20个日夜的反复测试，每吨精铝生产耗电量已经降到了11000度。可别小看这减少的2000度电，够一个三口之家用上小一年呢！

但项目还在继续进行，"国外已经可以控制在10000度以内，我们还有很长的路要走。"

手头的项目完成后，还有新的课题。用赵强国的话来说："搞研发永远没有尽头，面前是一直往前延伸的台阶，必须一步一步不停向上攀登。"

2022年初，赵强国所在企业的研发团队通过"定制普铝+三层电解提纯＋偏析提纯"的方法，将超高纯铝的纯度又提高了一个9，达到99.9999%，满足了高端半导体生产技术工艺要求。

"在行业内，9是衡量技术先进与否的指标之一，我们接下来还要努力争取更多的9，不断超越自己。"赵强国说。

采访结束，终于离开了那个炽热的车间。太阳快要落山，虽然太阳留下的余热还未散尽，我却感觉到了久违的凉爽。赵强国转身又钻进了车间，继续调试设备。那样的高温，对他来说，早已习惯了。

《人民日报》2022年9月3日第8版

织造美好生活

陈　晔

进城上学那年，她15岁。报专业时，她懵懂茫然：数控？汽修？听都没听说过。

报什么专业呢？

身为语文教师的妈妈也不知如何选。

"那就纺织吧。"

妈妈的一句话，人生的方向，就这样做出了选择。

上班那年，她17岁，还没成年。一脸稚气，还是孩子模样。

登上全国劳模领奖台那年，她27岁。年轻的面庞，眼神清澈如水，但自信有光。

很多人说，这么年轻的全国劳模实属少见。人们记住了她的名字：杨普。

一

华北平原，辽阔而丰饶。平原产棉花，不少人家都有纺车、织机。河北省石家庄市栾城县（今栾城区）徐家营村，村民杨振英家人丁兴旺。勤快的媳妇邢京珍负责给全家老小做衣服鞋袜，做什么都要多做几份。邢京珍用自己织的布，做出了孩子们身上的衣服脚下的鞋。孩子们上学、成亲的钱，家里的大小开销，都有邢京珍那台小小纺车的一份功劳。方圆几十里，她的纺织技术无人不晓。

邢京珍用过的纺车和织机在屋里摆着，映入孙女杨普的眼，拨动了她小小的心弦。那架老式织机，带给年幼的杨普一丝朦胧但奇妙的缘。

杨普是大孙女，奶奶喜欢她，走哪儿都带着。棉花成熟，奶奶带孙女去地里采摘，在孙女胸前挂上一个小包袱："看看俺普，会摘棉花啦！"

杨普就这样一天天长大。

再见织机，是学历史，一个叫黄道婆的人教织布。

奶奶是黄道婆吗？棉花，织机，遥远又切近，亲切又陌生。

她也听奶奶和妈妈讲过"牛郎织女"的故事。织女在天上？奶奶也是织女吗？她在心底问。

小小的疑惑，在心里一揣就是好多年。

多年后，15岁的她在选择专业的时刻，妈妈的话剥出了她幼时朦胧的梦境里包裹的一颗种子。

"妈，纺织就纺织，我能干好！"

二

17岁上班。正是人生花季。

在纺织技校，她每年都拿奖学金。上班，进了国企石家庄常山纺织股份有限公司棉四分公司——进城去，是她多年的梦想。圆梦，开心！

她的工种是织布挡车工。挡车工的职责，就是看管织机，一个人看多台，按一定巡回路线，机前机后不停检查布面、布边的断纱。断了的纱线要及时接上，否则就要织出瑕疵布。一上岗，整个人就陀螺一样转个不停。

奶奶的织机，发出的是悠悠动听、可以当催眠曲的机杼声。但厂子里不是这样。织机噪声大，车间里一大片织机全开动，轰鸣声震天。说话时要把嘴巴凑到另一个人耳边，不这样，根本听不见。一天下来，她明白了同事们为什么都在"咬耳朵"。

第一个班结束，耳朵里嗡嗡作响，好一阵子才恢复。

好奇变失望。

为了安全，秀美长发要藏进帽子里。爱美的年纪，却只能天天穿着统一的工装。细嫩的手，在一遍遍的操作中被线磨伤。回到宿舍，小姐妹们都像开谢了的牵牛花一样蔫巴。不知是谁把头扎在被垛上小声哭，不一会儿，整个宿舍的人都在吧嗒吧嗒掉眼泪。

原来上班是这样呀。一站一天，腰酸腿疼，一点儿也不美好，一点儿也不好玩。是啊，17岁，正是爱玩的年纪呀！哭罢鼻子，第二天，又都上班去。

接线头是挡车工的基本功。想要干好挡车工，接线的速度必须快，分秒必争，分分秒秒都是效益！刚开始，她一分钟只能接几个。几台机器都归她管，接线一慢，手忙脚乱，顾了这头顾不了那头。一个班下来腰酸背痛，生产指标还完不成。奖金少了，还在次要；关键是没面子，伤自尊！

师傅打水路过，见她手忙脚乱，一边出手帮她接线，一边安慰、引导她。

"师傅，我不想干了！"

"这点儿困难就吓倒了？回去多练。没事儿，有我呢。"她遇到一位好师傅！

倒班回家，妈妈看到她接线受伤的手，脸上好像还有泪痕。

"怎么，不好干？"

"我想回来，重读，换一行！"

"干什么没困难呢？你的师傅为啥一干几十年？人家能干，你就能干！"

吃一顿妈妈做的饭，说说，诉诉，也就轻松了。杨普身上有那么一股不服输的劲儿。像谁呢？像奶奶。奶奶学织布的时候也很难，一想一大家子要布穿、要吃饭，硬是学会了。

宿舍里，小姐妹们各玩各的，杨普在练接线。一段一段接好的五彩线，从6楼垂到楼底。春天，楼下迎春花开了，阳光中的五彩线和迎春花在春风里组成一幅画，路过的人纷纷停下脚步看。很快，杨普接线的速度更快了，一个人能管9台织机。

她的成长，车间领导看在眼里。职工技能大赛，领导推荐她参加。

上班没多久，还是一个小姑娘，许多工作多年的老手都没机会参赛，"凭什么推荐她？"

"她最刻苦！"

四个字，掷地有声！

是啊，她刻苦！每天早来一个小时上机练，下了班不走，在训练机上再练几个小时。其实，肚子早饿了，口早渴了，腰早酸了，但她不服，她要和自己较劲！

上班第二年，她就在公司级比赛里获奖。第三年，参加石家庄市纺织系统技能比赛，获第一名，晋升工人技师。

小荷初露尖尖角！

三

刚上班，师傅对杨普说："咱工人靠技术吃饭！"这句话，杨普深深记在心里。

地理上有经纬线，布匹上也有经纬线。经纬交错，让杨普找到了人生的坐标。她知道，自己经手的经纬线最后会穿在人的身上，保暖、美观又精致——不能小看自己的工作呀，这是一份创造美好的事业，是在给生活的"锦"上添"花"。

接线的成绩达标了，但杨普对自己的要求不止于此。她把所有业余时间都花在练习上，在宿舍不是学习，就是苦练手上功夫。逛街、玩耍，对她来说似乎很遥远。不爱红装爱工装的杨普，在一片织机声中找到了人生的发力点。

宿舍里，她的铺上总有两样东西，一是线，二是学习用的专业书。不是她不爱整洁不收拾，而是她想抓紧一切时间练功。外边的世界很精彩，蓝蓝的天，白白的云，小姐妹们打扮得漂漂亮亮，去公园，去逛街。而她素面朝天，与线做伴，在追求技艺的道路上头也不回！

练接线，需要别人帮着掐表。找同事，一次两次，再多就不好意思了。碰上倒班休息回家，杨普就让爸妈掐表，练习每分钟接线数。她还报了成人高考，日程表塞得满满当当。当初的小姑娘，渐渐能够独当一面。

几年后，一个小伙子走入她的视野。两人见面，花前树下，或灯前树下，一个练接线，一个看表。练得专注，看得专心。别人约在幽静处，他俩却找光线最好的地方，一边手中持线忙碌不停，一边讨论生产技艺。

苦心人，天不负。杨普接线头的速度达到每分钟35到38个，平均接一次线不到2秒，远超标准。

冬去春来，谈婚论嫁。婚期已定，又逢省里技能大赛，好巧不巧，日子撞在一块。她是选手，赛前不能分心，便决定推迟婚期。但饭店已订，亲戚朋友已通知，哪能说推就推？小伙子回去做父母工作，一切推迟，改期！

比赛鸣金，杨普获全省第一，晋升高级技师。所在公司专门为她举办婚礼。

公司在正定县建新厂，引进了世界一流的喷气织机，车速高、噪声低、自动化程度高、品种适应性广。杨普心动了：先进的设备，先进的技术，对纺织已经万分热爱的她，哪能错过？马上报名，申请调往新厂。

申请通过，她的新岗位是培训师。她将要面对的是对纺织一无所知的新员工，要在3个月之内，把他们培养成操作娴熟的合格工人。

一个能工巧匠，带出一批能工巧匠，这个任务更重！新厂远离市区，杨普每天赶班车早出晚归。她把操作方法编成"操作歌"，贴在织机上。一句句"歌词"明白又上口，徒弟们有口皆碑："普姐把工作编成歌，易学易懂、易记易会！"培训辛苦，面对徒弟们的困惑，杨普现身说法，诗意回答："选择了蓝天，就要做一朵洁白的云；选择了大海，就要做一只飞翔的鸥；既然选择了纺织，就要扎扎实实、勤勤恳恳，就要拼搏奋斗，让青春在纱涛布海中舞动。"

她把自己的工作方法对徒弟们倾囊相授，先后培养出102名技术能手。这套工作方法被企业总结成"杨普工作法"，在业内广受好评。

杨普怀孕临产，本该提前休息，正赶上她辅导的选手参加全市职业技能大赛。杨普知道，自己在，徒弟们心里会更踏实，于是坚持陪着徒弟们参赛。比赛结束，杨普当晚就有了产前预兆。家里人赶忙把她送往医院，幸好有惊无险，大人孩子都平安。

休完产假，当了妈妈的杨普也有了新的身份——织造车间丙班值班长。她定下目标：创建先进轮班，处处拿第一。她结合自身经验改进生产技法，仅提高挡车工技术、缩短停台时间一项，就提高班产2200米，所在丙班连续11个月产量第一，被评为公司先进轮班。9年下来，她超产棉布近20万米。这20万米，又是她在织机间多少巡走的步数所造就？

四

这些年，公司的纺织材料不断迭代更新，汉麻纤维、莫代尔、甲壳素等次第登场。每种新型纤维，要在织机上变成布料，都是新的挑战。

以前，眼前一片机器，织的都是同一种面料。现在，一个人看管的织机，织着的可能是三四种面料，一种面料一种脾性，生产难度前所未有。但这些难题都被纺织工人们一一攻克。

杨普喜获中华技能大奖。看到获奖名单时，她有点忐忑不安：自己竟和那些在"高精尖"领域掌握核心技术的专家们一起接受表彰！能和他们站在一起是多么幸福，多么光荣！是啊，"三百六十行，行行出状元"。掌握先进技术的纺织工人同样受人尊敬！

2010年，石家庄常山纺织集团成立了以杨普名字命名的"杨普工作室"。她的工作室成为公司培训高技能纺织工人的摇篮。工作室培养的技术能手们在生产一线大显身手，每一次新品试织，每一次质量攻关，都有他们的身影。徒弟们个个都是能工巧匠，同时看管的织机数量由一个人9台，提高到12到15台。

"杨普工作室"总结出13项工作法，诞生7名省部级以上劳模。她本人获得全国劳模、中华技能大奖、中国青年五四奖章等众多荣誉，还是党的十九大代表、中国工会十七大代表。2018年，她进入高校劳模班，圆了大学梦。超4000人次到"杨普工作室"参观取经，将她的工作法带到更多岗位上……

杨普的"普"，是普通的普。面对荣誉，她也觉得自己很普通："我就是一名纺织工人，我的职责是织好布。"

她也是一名母亲。她和女儿一起遥望星空，给女儿讲牛郎和织女的故事。女儿学到了黄道婆那一课，又问她："妈妈，这个婆婆是织女吗？"

是啊，她们都是"织女"。

天上的织女只是传说，勤劳的织女就在人间。"温饱"二字，"饱"需要粮食和种子，那"温"不正是靠纺织女工们织出的布吗？多少杨普这样的纺织女工巡走机台，以青春岁月为梭，织就了这温暖的事业，织出了美好生活。

《人民日报》2022年9月26日第20版